高等院校
创新创业教育丛书

本书系西北民族大学承担的"科技厅甘肃省大众创业万众创新示范基地项目""科技厅甘肃省西北民族大学多民族大学生众创空间项目""中央高校基本科研业务费资金资助项目"阶段性成果

创业精神与
团队意识塑造

主编　才让尕吉　桑德合才旦　孙 新
主审　陈永奎

Shaping the Entrepreneurial Spirit and
Team Consciousness

经济管理出版社
ECONOMY & MANAGEMENT PUBLISHING HOUSE

图书在版编目（CIP）数据

创业精神与团队意识塑造 / 才让尕吉，桑德合才旦，孙新主编 . —北京：经济管理出版社，2016. 10

ISBN 978-7-5096-4684-7

Ⅰ. ①创…　Ⅱ. ①才…②桑…③孙…　Ⅲ. ①创业－高等学校－教材　Ⅳ. ① F241.4

中国版本图书馆 CIP 数据核字（2016）第 262177 号

组稿编辑：王光艳

责任编辑：许　兵　吴菡如

责任印制：黄章平

责任校对：雨　千

出版发行：经济管理出版社

　　　　　（北京市海淀区北蜂窝 8 号中雅大厦 A 座 11 层　　100038）

网址：www. E-mp. com. cn

电话：（010）51915602

印刷：玉田县昊达印刷有限公司

经销：新华书店

开本：720mm×1000mm/16

印张：13.5

字数：234 千字

版次：2017 年 3 月第 1 版　2017 年 3 月第 1 次印刷

书号：ISBN 978-7-5096-4684-7

定价：58.00 元

前　言

提到创业，就有很多人将其理解为做生意当老板；提到创业教育，就有人说目的就是教学生如何开办公司。实际上正如清华大学创业导师李肖鸣教授所言："创业教育的目的不是教你如何开公司，而是为了让你拥有创业精神、创新意识和创业能力，使你可以乐观、积极地生活。"

广大青年学生是大众创业、万众创新的重要参与力量。依据国家教育部"普通本科学校创业教育教学基本要求"的文件精神，推进高等院校创新创业教育和大学生自主创业工作，贯彻落实党的十七大提出的"提高自主创新能力，建设创新型国家"和"以创业带动就业"发展战略的重大举措，各高等院校均加大了创新创业教育力度，开设了创新创业课程，增加了相关学分，将创新创业教育融入人才培养全过程。本书就源于高校开设的一门关于创业的课程。高校大学生在漫漫求学路上涉猎了很多知识，但是许多人从未学过如何在广阔的世界中应用这些知识和技能。我们开设此课程的主要目的就是帮助学生超越学术专业设定的路径，为其开创广阔的未来，创造更多的可能。因此，本书在编写过程中，以讲授创业知识为基础，以锻炼和提升学生的创业能力为关键，以培养学生的创新精神和创业意识为核心，用通俗的语言、鲜活的案例、有效的训练，系统地介绍了创新创业的基本思维方式、相关技能和方法等，以期学生或读者领会并拥有创业精神、创新意识和创业能力，并在各行各业寻求适当的机会发挥自身优势，不懈追求更高的目标，以使世界变得更美好。

本书具有较强的知识性、技能性和实用性，符合国家教育部和高等院校转型发展的人才培养需要。既可作为高等院校本、专科创新创业教育的通用教材，也可作为企业继续教育的培训教材，还可以作为拓宽视野、增长知识的自学用书。本书每章都安排了相应的案例、思考和训练内容，可以帮助读者及时、全面地掌握各章的知识。同时，以案例、小故事等形式充分调动读者的思维活跃性，从而达到触类旁通、快乐学习的目的。教师可根据教学对象和授课学时不同，灵活选择相关内容进行重点学习。

本书由才让尕吉负责写作框架的拟定、编写小组的组织与管理、各章节内容的审核与指导以及总体策划与编纂工作。其他参编人员分工如下：全书共计八章，才让尕吉编写第一章、第四章、第七章和第八章；桑德合才旦编写第二章和第三章；孙新编写第五章和第六章。

陈永奎教授、果建华主任、张平副教授审阅了书稿，并提出了许多好的意见和建议，在此深表感谢！

本书在编写过程中，参考和借鉴了有关的教材、论著、期刊以及网络资料，并引用了部分文献、案例和数据等，特作说明并表示诚挚的谢意！因条件所限，未能与有关编著者取得联系，引用与理解不当之处，敬请谅解！

由于受时间、资料、编者水平及其他条件限制，书中难免存在一些不足之处，恳请同行专家及读者批评指正，以便再版时予以完善。

编者

2016 年 10 月

目　录

第一章 激发创业热情

小故事大道理

最年轻的岁月

被视为正直和廉洁象征的古罗马政治家大加图，80 岁时开始钻研希腊语，这使他周围的人大惑不解，问他："耄耋之年，怎么还学习这么难学的希腊语？"大加图回答说："这是我所剩下的最年轻的岁月了。"

启示：所谓学无止境，"现在"学习永远不晚。积极向上的人在一个目标实现之后永远还有更高的目标，寻求超越自我，人生的脚步就像生生不息的川流一样没有尽头。对于创业者而言，创业过程正是成就自我，不断追求幸福和快乐的动力。

【学习目标】

◇ 理解创业的内涵和意义
◇ 认识经济转型与创业热潮的内在联系
◇ 产生创业动机，并理性对待创业

【章首案例】

中国青年创业国际计划 (YBC) 在中国资助的第一位大学生

2004 年，同济大学毕业生刘建刚，在刚毕业时到了一家外资企业工作。由于不喜欢那种朝九晚五的生活，他毅然在一年后辞职，离开了这家待遇不错的公司。他一直在寻觅一种自己想要的生活：每天虽然有挑战，但是却让人很有激情和活力。

就在一次同学聚会上，他听到了一个新鲜的名词——创业培训。于是他来到了上海市青少年活动中心，参加了一个免费的创业培训班，就是这个班使其萌发了创业的念头。经过一段时间的市场调研，他发现"涉外家政"还是个空白市场，而且自己大学四年所学的外贸专业也拥有外语优势。于是他很快写出了创业计划书，并且得到了 YBC 的资助，终于如愿以偿开办了自己的公司。

接下来的创业之路并没有他想象的那么容易，公司的员工虽然也是经过培训后上岗的，但是，在各种民族、各种国家不同风俗的客户面前，员工们还是不断地出错：有个伊斯兰国家的客户说他妈妈留给他的戒指丢了；有个澳大利亚的客户说在国外买的真丝地毯被家政服务员洗坏了；有个新西兰的客户说他家古董外边的具有保护作用的蜂蜡，竟然被家政服务员当成污垢给擦掉了……面对种种意外的突发事件，最初也让刘建刚感到"头大"，有时甚至也想过退缩不干了，但是，当他清醒以后知道，如果这时候后退，他就再也没有重新创业的勇气了。于是，他振作起来从员工培训入手，加强并完善了公司的管理制度，建立了家政服务"管理师"制度，提高了管理水平。

目前，刘建刚的公司已经发展到 300 多人，也使其成了名副其实的创业成功的企业家了。

资料来源：李肖鸣，朱建新. 大学生创业基础（第二版）[M]. 北京：清华大学出版社, 2013.

【理论知识】

任何一个社会的进步都有两个基础性的过程：一个是教育，另一个是创业。教育担负着开启心智的重任；而创业就是把想法变成现实的过程。任何社会的变革和发展，都终将会通过这两个基础性的发展来带动周边领域的发展。因此，创业教育确实可以帮助很多人创造他们的未来并推动社会的发展。

第一节　认识创业

一、创业的定义与意义

（一）创业的定义

"创业教育之父"杰弗里·蒂蒙斯（Jeffry A. Timmons）教授在他的经典教科书《创业学》中将创业定义为：创业是一种思考、推理和行为方式，它为机会所驱动，需要在方法上全盘考虑并拥有和谐的领导能力。

创业，在《新华字典》里的定义是"开创事业"。我国的创业学者也从不同的方面进行了定义。一般将其概括为不拘泥于当前资源约束，寻求机会、进行价值创造的行为过程。

第一，"不拘泥于当前资源约束"主要指创业者不甘于资源约束的现状，努力通过资源整合来达到创业目标。

第二，"寻求机会"主要指创业者在创业前要努力识别商业机会，寻求机会是产生创业活动的前提。

第三，"进行价值创造"主要指创业必然伴随着新价值的产生，新价值的创造是创业的结果。

本书对创业的定义可以分为广义和狭义两种。广义的创业是指创造新的事业的过程。换言之，所有创造性地开展事业的过程都是创业。无论是创建新企业、企业内部创业，还是在工作岗位上创造性地发挥自己的聪明才智，通过发现机会、整合资源实现自己的价值和抱负，都可以称为创业。狭义的创业是从商业活动的性质来界定的，而不管所创的是"大业"还是"小业"，也不论科技含量的高低，甚至不一定需要正式的工商登记或成立公司，凡是销售产品或服务以赚取利润的过程都可概括为创业。

（二）创业的意义

从国家和社会角度看，一方面，创业可以增加就业机会，缓解就业压力。以中国为例，中小企业创造的最终产品和服务价值相当于国内生产总值的60%左右，缴税额为国家税收总额的50%左右，提供了近80%的就业岗位。另一方面，创业是经济发展的原动力。创新已成为社会繁荣和国家富强的核心动力，创业则是承载创新的必然方式。美国通过构建有助于创业的法律体系、教育体系、政策环境和金融资本体系，为创业者创建了一个尊重创业、鼓励创业、容易创业的公共政策环境。吸收美国等发达国家发展创新型经济的经验，中国政府和社会也越来越深刻地认识到创新与创业对发展国家经济的重要性。中国明确提出了建设创新型国家的宏伟目标，很多地方政府则提出打造"创业型城市""全民创业"的口号，各级政府也出台了许多关于创业的优惠政策和鼓励措施。同时，创业能够加速技术创新和科技成果转化。

综上所述，创业对于促进就业、创造社会财富、促进科技进步、提升人类生活品质和工作效率有着积极深远的影响。

从创业者角度看，一方面，创业有助于解决个人就业问题；另一方面，创业有助于实现自己的人生价值。其实，创业的本质是一种生活方式，就是某一个人或团队通过寻求机会、整合资源，创造价值、体现价值的过程，因此创业可以挖掘个人潜力，把自身优势发挥得淋漓尽致，从而体现自身价值。

二、创业的要素与类型

（一）创业要素

通常来说，创业的关键要素包括创业机会、创业团队和创业资源。

1. 创业机会

创业机会是指创业者可以利用的商业机会。创业机会往往是一个新的市场需求，或者是一个需求大于供给的市场，或者是一个可以开辟新产品的市场，这样的市场并非只有创业者认识到了，其他的竞争者也许会很快加入竞争的行列。因此，并不是每一个创业机会都需要付出行动去满足它。

2. 创业团队

创业团队并不是一群人的简单组合，而是由一群能力互补、责任共担、拥有共同的愿景和价值观，通过相互信任、自觉合作，愿意为共同的目标而努力奋斗的人所组成的特殊群体。

3. 创业资源

创业资源是指新创企业或创业团队在创造价值的过程中需要的特定的资产，包括有形与无形的资产，它是新创企业创立和运营的必要条件，主要表现形式为创业人才、创业资本、创业机会、创业技术和创业管理等。

（二）创业的类型

创业的类型并没有固定的划分标准，我们可以从不同的角度对其进行分类。

1. 按照创业起点分类

按照创业起点可分为创建新企业和既有组织内创业。

（1）创建新企业。创建新企业是指创业者从无到有地创建全新企业的过程。

（2）既有组织内创业。既有组织内创业是指在现有组织内为达到某种目的而进行的创新过程。以企业组织为例，可指公司由于产品、营销以及组织管理体系等方面的原因，在企业内进行二次、三次乃至连续不断的创业，以使企业的生命周期不断地在循环中延伸的过程。

2. 按照创业目的分类

按照创业目的，很多教材将其划分为生存型创业和机会型创业，但是，现实生活中还有一部分创业者是为了梦想而将兴趣做成事业的，因此，本书将其分为以下三种类型：

（1）生存型创业。生存型创业者为了谋生而自觉或被迫地创业，大多数偏于尾随和模仿，因而往往加剧市场竞争。

（2）机会型创业。机会型创业是为了抓住并利用市场机遇。它以市场机会为目标，以创造新的需求或满足潜在市场，因而会带动新产业发展。

中国的创业者80%是生存型创业者，因为他们没有更好的职业选择；美国90%为机会型创业者，他们创业是因为洞察到巨大的市场需求和高额的市场回报。中国的创业者总是在寻求一种改善现状的方式，而美国的创业者更具有冒险精神[①]。

（3）梦想型创业。梦想型创业的动机源于自己的兴趣和梦想，他们崇尚自由，自信独立，不愿受人约束，把创业视为一种生活方式。

3. 按照创业者数量分类

按照创业者数量可分为独立创业和合伙创业。

（1）独立创业。独立创业是指创业者独立创办自己的企业。其特点在于产权归创业者个人所有，企业由创业者自由掌控，决策迅速，但创业者要独自承担风险，创业资源整合比较困难，并且受个人才能限制。

（2）合伙创业。合伙创业是指两个以上的创业者通过订立合伙协议，共同出资、合伙经营、共享收益、共担风险，并对合伙企业债务承担无限连带责任的创业模式，其创建的企业被称为合伙企业。

三、创业过程与创业步骤

创业者在真正投身创业之前，必须对创业过程有清醒的认识，以便积极面对创业过程中可能出现的困难和挑战，知难而行，直至创业成功。

（一）创业过程和阶段划分

创业过程包括从创业者产生创业想法到创建新企业或开创新事业并获取回报，这一过程涉及机会识别、组建团队、市场分析、筹集资金、拟订创业计划、办理相关法律手续、创业计划的实施与管理等活动。

---

① 数据源自 KAB 创业教育资料。

整个创业过程可大致划分为机会识别、资源整合、新企业生存、企业成长四个主要阶段。

第一阶段：机会识别。机会识别包括发现创业机会、进行市场调研和分析、制订初步的经营方案等内容。

第二阶段：资源整合。资源整合包括团队组建、财务融资、拟订创业计划、企业筹建等内容。

第三阶段：新企业生存。新企业生存包括创业计划的实施、创业初期的产品设计、市场营销、财务管理和售后服务等相关体系的建立等内容。

第四阶段：企业成长。企业成长包括市场拓展、制度完善、股权融资、企业上市等内容。

（二）创业者初创企业的八个步骤

创业是一个复杂且漫长的过程。作为一个初次创业者，到底应该从哪里入手，怎样才能将创业想法落地，并将企业进行成功经营呢？这是将要开始创业之旅的人面临的共同问题。

一个企业的建立，其过程可分成如图1-1所示的八个步骤，各个步骤又有其具体的目标和要求，供初次创业者参考与借鉴。

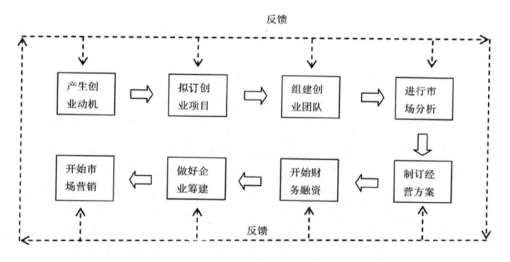

图1-1　创业者创立企业的八个步骤

第二节　知识经济发展与创业

当今，全球创业活动比以往任何时候都更为活跃，国家和地区之间的竞争日益聚焦在创业水平和创业成果上，创新和创业已经成为科学技术转化为现实生产力的桥梁，成为经济发展和社会进步日益重要的推动力。

在知识经济时代，创业不是天才的独创，也不是普通人的妄想，而是每个社会成员改变命运、追求卓越的一种途径，是每个企业不断成长的方式，是一个国家取得核心竞争力的关键。

一、经济转型与创业热潮的关系

（一）知识经济的概念

知识经济是人类经济发展的一种形态。联合国世界经济合作发展组织把知识经济定义为建立在知识和信息的生产、分配和使用基础上的经济。人类的经济发展大致可以分为农业经济、工业经济和知识经济三个时代。

农业经济，又称劳动经济，即经济发展主要取决于对劳动力资源的占有和配置。在这一经济阶段，人们采用的是原始技术，主要从事农业生产，辅以手工业。在工业革命之前，这种生产格局基本没有改变。这个阶段的劳动生产率主要取决于劳动者的体力。

工业经济，又称资源经济，即经济发展主要取决于对自然资源的占有和配置。自19世纪以来，世界发达国家陆续完成了工业革命，科学技术取得了巨大发展，生产效率有了很大的提高。但是，铁矿石、煤、石油等主要资源很快成为短缺资源，并开始制约经济发展，这个阶段的经济发展主要取决于对自然资源的占有。

知识经济，又称新经济或智能经济，是指建立在知识和信息的生产、分配和使用基础上的经济。它是与农业经济、工业经济相对应的一个概念，是一种新型的富有生命力的经济形态。这里的以知识为基础，是相对于现行的"以物质为基础的经济"而言的。现行的工业经济和农业经济，虽然也离不开知识，但总的来说，经济的增长取决于能源、原材料和劳动力，是以物质为基础的。

在知识经济时代，不是不要"物质"，而是获得"物质"的方式发生了根本的变化，变得更容易、更方便、更便宜、更好。发展知识经济，更不是轻视或削弱工业和农业经济。知识经济一方面是继工业、农业之后的新兴的主产业；另一方面又深刻地影响着传统的工业和农业，促进工业和农业进一步现代化、知识化。

知识经济的兴起表明人类社会正在步入一个以现代科学技术为核心的，以知识资源的占有、配置、生产、分配、消费为最重要因素的新的经济时代。在知识经济时代，全球产业结构正面临着新的重组。

（二）经济转型与创业热潮的关系

在知识经济时代，创办企业成为经济发展的重要基础，创业在经济发展中的地位和作用更加突出，日益成为经济发展的主要动力。创意产业正是在知识经济时代新崛起的产业，创意和创新从来都是跟创业分不开的。创意一般都具有创新的特征，而任何创新都需要经过创业来实现。而任何一个新企业的诞生，无疑都会带来新的就业岗位和创造新的价值。

知识经济催生了一大批以知识的生产和应用为特征的新企业的诞生，带动了新的创业热潮。首先，知识经济的到来使创业的机会大大增加。因为网络、信息产业的出现与壮大，人们获取市场信息的渠道更加快捷，知识、技术能够面对更多的人，技术的掌握者已不仅仅局限于技术的发明者，这使能够运用新技术进行创业的人群数量大增，无形中提高了"创业活动"产生的可能。其次，计算机、通信等信息技术的发展改变了人们对时间、空间、知识的理解，同时也改变了人们对需求、市场、管理、价值、财富等概念的基本认知，这从形式上丰富了创业活动的内涵。最后，在知识经济条件下，由于沟通的便捷，知识的传递得以加快，创业环境大大改善，创业所需资源可以更为快捷低廉地获得，这从一定程度上降低了创业的进入门槛。

作为技术创造的主要实现形式，知识经济时代的创业对经济发展与社会进步也具有推动作用，是促进科学技术进步和高新技术产业化的关键因素。知识经济时代的经济转型，使智慧、创意、创新、速度等成为竞争优势的关键来源，形成了有利于创业活动开展和中小企业发展的良好环境。微软、戴尔、苹果、谷歌等企业正是在这种环境中迅速崛起，并极大地影响了经济发展。

以微软公司为例，它的主要产品是软盘及软盘中包含的知识，正是这些知识的广泛应用打开了计算机应用的大门，如今微软公司的产值已超过美国三大汽车公司产值的总和。近年来，美国经济增长的主要源泉就是5000家软件公司，它们对世界经济的贡献不亚于名列前茅的 500 家世界级大公司。所有这些数据表明，在现代社会生产中，知识已成为生产要素中一个最重要的组成部分，经济转型带来的以知识的生产和应用为核心的创业活动已成为 21 世纪主导的创业形态。

此外，中国手机上网比例于 2014 年 6 月首次超过 PC 机上网比例，这是一个超过 6 亿用户的巨大市场。因此，移动互联给中国带来了新的知识经济商业变革。《掘金——互联网 + 时代创业黄金指南》一书中写道：在这个时代，创业不分年龄、不分行业，甚至有没有经验也不重要，用"全民创业"来形容也不算夸张。这次创业的中坚力量有 20 世纪 70 年代中后期至 80 年代初出生的创业者，也有"85 后"甚至"90 后"的创业者。他们生于中国市场经济兴起的时代，成长于中国互联网大发展的时期，互联网便成为他们熟练使用的工具，自由、平等、开放的互联网精神浸染了他们的思想。他们在生活中、工作中深切体会到传统行业的种种不便、效率低下的问题，他们在互联网和传统产业交接的边界，发现了创业的机会。跨界、混搭、融合是这次创业浪潮的关键词。如果倾听身边的声音，不难发现，人们对今天所处环境的描述是那样的统一：不确定性、不可预测性、多变性、复杂性，而移动互联、O2O 大数据、云计算这些词语直接成为代表生活方式的术语。从衣食住行到人类未来的生存方式，都在发生着深刻的变革。如果你错过了互联网的财富蛋糕，那么移动互联可能是更大的一个。

综上所述，当今时代的一个显著特征就是知识成为比土地、劳动、资金更有意义的关键性生产要素，同时物质资本的地位相对下降，人力资本的地位相对上升，而创业家则是稀缺的知识与人力资本的杰出拥有者和创造者。因此经济转型是创业热潮兴起的深层次原因。中国的经济发展，需要更多的创业英雄，需要越来越多的创业型组织，需要营造创业型经济环境。每一个年轻人，都应该了解创业，并且至少可以将其视为一种职业、一种生活方式的选择。

二、 知识经济时代创业的关键

在知识经济时代，知识已经取代传统的有形资产成为支撑竞争优势最关键的资源，"科技创新"因此成为这一时代创业活动的大趋势。在动荡复杂的竞争环境中，知识要比其他资产具有更快的更新和淘汰速度，因此优秀的创业者还需要及时而有效地将"创新成果"转化为"商业价值"，如此才能在多变的环境中保持持续的优势地位。知识经济时代创业的关键有如下几方面：

（一）持续创新，拥有自主知识产权

在全球化环境下，信息、技术和人才成为新创企业的关键因素，也是企业间竞争的焦点，特别是通过对技术和知识产权的占有，使其能在市场上获得竞争地位并控制市场。根据统计，目前全世界有86%的研发收入、90%以上的发明专利掌握在发达国家手里，凭借科技优势和建立在科技优势基础上的国际规则，发达国家及其跨国公司形成了对世界市场的高度垄断，从而获取大量的超额利润。2008年金融危机后世界范围内的经济转型和资源重组为知识经济背景下发展中国家的企业实现跨越式反超提供了机遇，创业者唯有勇于承担风险，进行持续创新，才能获得核心竞争力和后续发展的动力。

（二）技术引领市场，挖掘潜在需求

在知识经济条件下，创业者需要学会利用独创的知识来开发新产品、挖掘"潜在需求"而不是仅仅为了生存而瓜分和扩大现有市场。潜在需求中的"需求"是企业通过"技术引领"所创造的，比如，在苹果公司推出 iPad 之前，大多数人不知道"触屏电脑"为何物，更别说"需求"。而苹果公司依靠其先进的技术、一流的设计，跟踪用户需求，推出了更便于携带与使用的全触屏电脑 iPad，并迅速引发需求狂潮。挖掘潜在需求要求创业者必须具备敏锐的洞察能力和强大的创新能力。从个体角度看，挖掘潜在需求的创业者在这一新领域避开了竞争对手，很容易成为引领者并获得创业成功；从整体角度看，挖掘潜在需求能够开发更大的市场，创造更多的就业机会，更好地推动社会经济发展。

（三）兼容并蓄，快速变革

知识经济时代的知识存在着信息量大和淘汰速度快两大特点。单个创业者很难拥有所需的全部知识。面对全球化进程越来越激烈的竞争环境，唯有兼容并蓄，以开放的心态进行广泛的知识合作，才能获得创业前进中所需要的源源不断的动力。创业者还需要拥有乐观积极的态度，视变化为机遇，把握市场方向和需求，抓住变革的方向和节奏并予以快速响应，才能在不断变化的环境中取得成功。

（四）全球化的胸襟与眼光

我们身处一个全球化的时代，一旦选择创业，那么无论愿意与否，都不可避免地被卷入一场全球化的竞争。正因如此，拥有全球化的胸襟与眼光就显得尤为重要，其表现在两方面：第一，融入全球化的勇气。即使处在创业初期，这份勇气也尤为重要，因为机会面前人人平等，拥有全球化的勇气才能抓住全球化的机会。第二，全球布局的思维。如今，通过网络手段，来自全球的潜在顾客都有可能成为目标顾客，而各地的资源也有可能成为自己的创业资源。创业者需要运用全球化思维，对不同市场采取不同战略来整合全球资源。

在最近十年间企业排名中，创意产业、互联网等高科技产业带来的经济效益一直名列前茅。从迪斯尼王国的产业链，到少林禅宗的创意旅游；从丰庄新型农业，到宜家的创意营销。不论是在欧盟，还是在中国，创意产业带来的巨大财富和经济增长，世人有目共睹。

在知识经济时代，创办企业成为经济发展的重要基础，创业在经济发展中的地位和作用更加突出，日益成为经济发展的主要动力。创意产业正是在知识经济时代新崛起的产业，创意和创新从来都是和创业分不开的。创意一般具有创新的特征，而任何创新都需要经过创业来实现。任何一个新企业的诞生，无疑都会带来新的就业岗位和创造新的价值。

【拓展阅读】

国务院关于大力推进大众创业万众创新若干政策措施的意见

国发〔2015〕32号

各省、自治区、直辖市人民政府，国务院各部委、各直属机构：

推进大众创业、万众创新，是发展的动力之源，也是富民之道、公平之计、强国之策，对于推动经济结构调整、打造发展新引擎、增强发展新动力、走创新驱动发展道路具有重要意义，是稳增长、扩就业、激发亿万群众智慧和创造力，促进社会纵向流动、公平正义的重大举措。根据2015年《政府工作报告》部署，为改革完善相关体制机制，构建普惠性政策扶持体系，推动资金链引导创业创新链、创业创新链支持产业链、产业链带动就业链，现提出以下意见。

一、充分认识推进大众创业、万众创新的重要意义

——推进大众创业、万众创新，是培育和催生经济社会发展新动力的必然选

择。随着我国资源环境约束日益强化，要素的规模驱动力逐步减弱，传统的高投入、高消耗、粗放式发展方式难以为继，经济发展进入新常态，需要从要素驱动、投资驱动转向创新驱动。推进大众创业、万众创新，就是要通过结构性改革、体制机制创新，消除不利于创业创新发展的各种制度束缚和桎梏，支持各类市场主体不断开办新企业、开发新产品、开拓新市场，培育新兴产业，形成小企业"铺天盖地"、大企业"顶天立地"的发展格局，实现创新驱动发展，打造新引擎、形成新动力。

——推进大众创业、万众创新，是扩大就业、实现富民之道的根本举措。我国有13亿多人口、9亿多劳动力，每年高校毕业生、农村转移劳动力、城镇困难人员、退役军人数量较大，人力资源转化为人力资本的潜力巨大，但就业总量压力较大，结构性矛盾凸显。推进大众创业、万众创新，就是要通过转变政府职能、建设服务型政府，营造公平竞争的创业环境，使有梦想、有意愿、有能力的科技人员、高校毕业生、农民工、退役军人、失业人员等各类市场创业主体"如鱼得水"，通过创业增加收入，让更多的人富起来，促进收入分配结构调整，实现创新支持创业、创业带动就业的良性互动发展。

——推进大众创业、万众创新，是激发全社会创新潜能和创业活力的有效途径。目前，我国创业创新理念还没有深入人心，创业教育培训体系还不健全，善于创造、勇于创业的能力不足，鼓励创新、宽容失败的良好环境尚未形成。推进大众创业、万众创新，就是要通过加强全社会以创新为核心的创业教育，弘扬"敢为人先、追求创新、百折不挠"的创业精神，厚植创新文化，不断增强创业创新意识，使创业创新成为全社会共同的价值追求和行为习惯。

二、总体思路

按照"四个全面"的战略布局，坚持改革推动，加快实施创新驱动发展战略，充分发挥市场在资源配置中的决定性作用和更好发挥政府作用，加大简政放权力度，放宽政策、放开市场、放活主体，形成有利于创业创新的良好氛围，让千千万万创业者活跃起来，汇聚成经济社会发展的巨大动能。不断完善体制机制、健全普惠性政策措施，加强统筹协调，构建有利于大众创业、万众创新蓬勃发展的政策环境、制度环境和公共服务体系，以创业带动就业、创新促进发展。

——坚持深化改革，营造创业环境。通过结构性改革和创新，进一步简政放权、放管结合、优化服务，增强创业创新制度供给，完善相关法律法规、扶持政策和激励措施，营造均等普惠环境，推动社会纵向流动。

——坚持需求导向，释放创业活力。尊重创业创新规律，坚持以人为本，切实解决创业者面临的资金需求、市场信息、政策扶持、技术支撑、公共服务等瓶颈问题，最大限度释放各类市场主体创业创新活力，开辟就业新空间，拓展发展新天地，解放和发展生产力。

——坚持政策协同，实现落地生根。加强创业、创新、就业等各类政策统筹，部门与地方政策联动，确保创业扶持政策可操作、能落地。鼓励有条件的地区先行先试，探索形成可复制、可推广的创业创新经验。

——坚持开放共享，推动模式创新。加强创业创新公共服务资源开放共享，整合利用全球创业创新资源，实现人才等创业创新要素跨地区、跨行业自由流动。依托"互联网+"、大数据等，推动各行业创新商业模式，建立和完善线上与线下、境内与境外、政府与市场开放合作等创业创新机制。

三、创新体制机制，实现创业便利化

（一）**完善公平竞争市场环境。**进一步转变政府职能，增加公共产品和服务供给，为创业者提供更多机会。逐步清理并废除妨碍创业发展的制度和规定，打破地方保护主义。加快出台公平竞争审查制度，建立统一透明、有序规范的市场环境。依法反垄断和反不正当竞争，消除不利于创业创新发展的垄断协议和滥用市场支配地位以及其他不正当竞争行为。清理规范涉企收费项目，完善收费目录管理制度，制定事中事后监管办法。建立和规范企业信用信息发布制度，制定严重违法企业名单管理办法，把创业主体信用与市场准入、享受优惠政策挂钩，完善以信用管理为基础的创业创新监管模式。

（二）**深化商事制度改革。**加快实施工商营业执照、组织机构代码证、税务登记证"三证合一""一照一码"，落实"先照后证"改革，推进全程电子化登记和电子营业执照应用。支持各地结合实际放宽新注册企业场所登记条件限制，推动"一址多照"、集群注册等住所登记改革，为创业创新提供便利的工商登记服务。建立市场准入等负面清单，破除不合理的行业准入限制。开展企业简易注销试点，建立便捷的市场退出机制。依托企业信用信息公示系统建立小微企业名录，增强创业企业信息透明度。

（三）**加强创业知识产权保护。**研究商业模式等新形态创新成果的知识产权保护办法。积极推进知识产权交易，加快建立全国知识产权运营公共服务平台。

完善知识产权快速维权与维权援助机制，缩短确权审查、侵权处理周期。集中查处一批侵犯知识产权的大案要案，加大对反复侵权、恶意侵权等行为的处罚力度，探索实施惩罚性赔偿制度。完善权利人维权机制，合理划分权利人举证责任，完善行政调解等非诉讼纠纷解决途径。

（四）**健全创业人才培养与流动机制。**把创业精神培育和创业素质教育纳入国民教育体系，实现全社会创业教育和培训制度化、体系化。加快完善创业课程设置，加强创业实训体系建设。加强创业创新知识普及教育，使大众创业、万众创新深入人心。加强创业导师队伍建设，提高创业服务水平。加快推进社会保障制度改革，破除人才自由流动制度障碍，实现党政机关、企事业单位、社会各方面人才顺畅流动。加快建立创业创新绩效评价机制，让一批富有创业精神、勇于承担风险的人才脱颖而出。

四、优化财税政策，强化创业扶持

（五）**加大财政资金支持和统筹力度。**各级财政要根据创业创新需要，统筹安排各类支持小微企业和创业创新的资金，加大对创业创新支持力度，强化资金预算执行和监管，加强资金使用绩效评价。支持有条件的地方政府设立创业基金，扶持创业创新发展。在确保公平竞争前提下，鼓励对众创空间等孵化机构的办公用房、用水、用能、网络等软硬件设施给予适当优惠，减轻创业者负担。

（六）**完善普惠性税收措施。**落实扶持小微企业发展的各项税收优惠政策。落实科技企业孵化器、大学科技园、研发费用加计扣除、固定资产加速折旧等税收优惠政策。对符合条件的众创空间等新型孵化机构适用科技企业孵化器税收优惠政策。按照税制改革方向和要求，对包括天使投资在内的投向种子期、初创期等创新活动的投资，统筹研究相关税收支持政策。修订完善高新技术企业认定办法，完善创业投资企业享受70%应纳税所得额税收抵免政策。抓紧推广中关村国家自主创新示范区税收试点政策，将企业转增股本分期缴纳个人所得税试点政策、股权奖励分期缴纳个人所得税试点政策推广至全国范围。落实促进高校毕业生、残疾人、退役军人、登记失业人员等创业就业税收政策。

（七）**发挥政府采购支持作用。**完善促进中小企业发展的政府采购政策，加强对采购单位的政策指导和监督检查，督促采购单位改进采购计划编制和项目预留管理，增强政策对小微企业发展的支持效果。加大创新产品和服务的采购力度，把政府采购与支持创业发展紧密结合起来。

五、搞活金融市场，实现便捷融资

（八）**优化资本市场**。支持符合条件的创业企业上市或发行票据融资，并鼓励创业企业通过债券市场筹集资金。积极研究尚未盈利的互联网和高新技术企业到创业板发行上市制度，推动在上海证券交易所建立战略新兴产业板。加快推进全国中小企业股份转让系统向创业板转板试点。研究解决特殊股权结构类创业企业在境内上市的制度性障碍，完善资本市场规则。规范发展服务于中小微企业的区域性股权市场，推动建立工商登记部门与区域性股权市场的股权登记对接机制，支持股权质押融资。支持符合条件的发行主体发行小微企业增信集合债等企业债券创新品种。

（九）**创新银行支持方式**。鼓励银行提高针对创业创新企业的金融服务专业化水平，不断创新组织架构、管理方式和金融产品。推动银行与其他金融机构加强合作，对创业创新活动给予有针对性的股权和债权融资支持。鼓励银行业金融机构向创业企业提供结算、融资、理财、咨询等一站式系统化的金融服务。

（十）**丰富创业融资新模式**。支持互联网金融发展，引导和鼓励众筹融资平台规范发展，开展公开、小额股权众筹融资试点，加强风险控制和规范管理。丰富完善创业担保贷款政策。支持保险资金参与创业创新，发展相互保险等新业务。完善知识产权估值、质押和流转体系，依法合规推动知识产权质押融资、专利许可费收益权证券化、专利保险等服务常态化、规模化发展，支持知识产权金融发展。

六、扩大创业投资，支持创业起步成长

（十一）**建立和完善创业投资引导机制**。不断扩大社会资本参与新兴产业创投计划参股基金规模，做大直接融资平台，引导创业投资更多向创业企业起步成长的前端延伸。不断完善新兴产业创业投资政策体系、制度体系、融资体系、监管和预警体系，加快建立考核评价体系。加快设立国家新兴产业创业投资引导基金和国家中小企业发展基金，逐步建立支持创业创新和新兴产业发展的市场化长效运行机制。发展联合投资等新模式，探索建立风险补偿机制。鼓励各地方政府建立和完善创业投资引导基金。加强创业投资立法，完善促进天使投资的政策法规。促进国家新兴产业创业投资引导基金、科技型中小企业创业投资引导基金、国家科技成果转化引导基金、国家中小企业发展基金等协同联动。推进创业投资行业协会建设，加强行业自律。

（十二）**拓宽创业投资资金供给渠道**。加快实施新兴产业"双创"三年行动计划，建立一批新兴产业"双创"示范基地，引导社会资金支持大众创业。推动

商业银行在依法合规、风险隔离的前提下，与创业投资机构建立市场化长期性合作。进一步降低商业保险资金进入创业投资的门槛。推动发展投贷联动、投保联动、投债联动等新模式，不断加大对创业创新企业的融资支持。

（十三）**发展国有资本创业投资**。研究制定鼓励国有资本参与创业投资的系统性政策措施，完善国有创业投资机构激励约束机制、监督管理机制。引导和鼓励中央企业和其他国有企业参与新兴产业创业投资基金、设立国有资本创业投资基金等，充分发挥国有资本在创业创新中的作用。研究完善国有创业投资机构国有股转持豁免政策。

（十四）**推动创业投资"引进来"与"走出去"**。抓紧修订外商投资创业企业相关管理规定，按照内外资一致的管理原则，放宽外商投资准入，完善外资创业投资机构管理制度，简化管理流程，鼓励外资开展创业投资业务。放宽对外资创业投资基金投资限制，鼓励中外合资创业投资机构发展。引导和鼓励创业投资机构加大对境外高端研发项目的投资，积极分享境外高端技术成果。按投资领域、用途、募集资金规模，完善创业投资境外资金管理。

七、发展创业服务，构建创业生态

（十五）**加快发展创业孵化服务**。大力发展创新工场、车库咖啡等新型孵化器，做大做强众创空间，完善创业孵化服务。引导和鼓励各类创业孵化器与天使投资、创业投资相结合，完善投融资模式。引导和推动创业孵化与高校、科研院所等技术成果转移相结合，完善技术支撑服务。引导和鼓励国内资本与境外合作设立新型创业孵化平台，引进境外先进创业孵化模式，提升孵化能力。

（十六）**大力发展第三方专业服务**。加快发展企业管理、财务咨询、市场营销、人力资源、法律顾问、知识产权、检验检测、现代物流等第三方专业化服务，不断丰富和完善创业服务。

（十七）**发展"互联网＋"创业服务**。加快发展"互联网＋"创业网络体系，建设一批小微企业创业创新基地，促进创业与创新、创业与就业、线上与线下相结合，降低全社会创业门槛和成本。加强政府数据开放共享，推动大型互联网企业和基础电信企业向创业者开放计算、存储和数据资源。积极推广众包、用户参与设计、云设计等新型研发组织模式和创业创新模式。

（十八）**研究探索创业券、创新券等公共服务新模式**。有条件的地方继续探索通过创业券、创新券等方式对创业者和创新企业提供社会培训、管理咨询、检验检测、软件开发、研发设计等服务，建立和规范相关管理制度和运行机制，逐步形成可复制、可推广的经验。

八、建设创业创新平台，增强支撑作用

（十九）**打造创业创新公共平台。**加强创业创新信息资源整合，建立创业政策集中发布平台，完善专业化、网络化服务体系，增强创业创新信息透明度。鼓励开展各类公益讲坛、创业论坛、创业培训等活动，丰富创业平台形式和内容。支持各类创业创新大赛，定期办好中国创新创业大赛、中国农业科技创新创业大赛和创新挑战大赛等赛事。加强和完善中小企业公共服务平台网络建设。充分发挥企业的创新主体作用，鼓励和支持有条件的大型企业发展创业平台、投资并购小微企业等，支持企业内外部创业者创业，增强企业创业创新活力。为创业失败者再创业建立必要的指导和援助机制，不断增强创业信心和创业能力。加快建立创业企业、天使投资、创业投资统计指标体系，规范统计口径和调查方法，加强监测和分析。

（二十）**用好创业创新技术平台。**建立科技基础设施、大型科研仪器和专利信息资源向全社会开放的长效机制。完善国家重点实验室等国家级科研平台（基地）向社会开放机制，为大众创业、万众创新提供有力支撑。鼓励企业建立一批专业化、市场化的技术转移平台。鼓励依托三维（3D）打印、网络制造等先进技术和发展模式，开展面向创业者的社会化服务。引导和支持有条件的领军企业创建特色服务平台，面向企业内部和外部创业者提供资金、技术和服务支撑。加快建立军民两用技术项目实施、信息交互和标准化协调机制，促进军民创新资源融合。

（二十一）**发展创业创新区域平台。**支持开展全面创新改革试验的省（区、市）、国家综合配套改革试验区等，依托改革试验平台在创业创新体制机制改革方面积极探索，发挥示范和带动作用，为创业创新制度体系建设提供可复制、可推广的经验。依托自由贸易试验区、国家自主创新示范区、战略性新兴产业集聚区等创业创新资源密集区域，打造若干具有全球影响力的创业创新中心。引导和鼓励创业创新型城市完善环境，推动区域集聚发展。推动实施小微企业创业基地城市示范。鼓励有条件的地方出台各具特色的支持政策，积极盘活闲置的商业用房、工业厂房、企业库房、物流设施和家庭住所、租赁房等资源，为创业者提供低成本办公场所和居住条件。

九、激发创造活力，发展创新型创业

（二十二）支持科研人员创业。加快落实高校、科研院所等专业技术人员离岗创业政策，对经同意离岗的可在三年内保留人事关系，建立健全科研人员双向流动机制。进一步完善创新型中小企业上市股权激励和员工持股计划制度规则。鼓励符合条件的企业按照有关规定，通过股权、期权、分红等激励方式，调动科研人员创业积极性。支持鼓励学会、协会、研究会等科技社团为科技人员和创业企业提供咨询服务。

（二十三）支持大学生创业。深入实施大学生创业引领计划，整合发展高校毕业生就业创业基金。引导和鼓励高校统筹资源，抓紧落实大学生创业指导服务机构、人员、场地、经费等。引导和鼓励成功创业者、知名企业家、天使和创业投资人、专家学者等担任兼职创业导师，提供包括创业方案、创业渠道等创业辅导。建立健全弹性学制管理办法，支持大学生保留学籍休学创业。

（二十四）支持境外人才来华创业。发挥留学回国人才特别是领军人才、高端人才的创业引领带动作用。继续推进人力资源市场对外开放，建立和完善境外高端创业创新人才引进机制。进一步放宽外籍高端人才来华创业办理签证、永久居留证等条件，简化开办企业审批流程，探索由事前审批调整为事后备案。引导和鼓励地方对回国创业高端人才和境外高端人才来华创办高科技企业给予一次性创业启动资金，在配偶就业、子女入学、医疗、住房、社会保障等方面完善相关措施。加强海外科技人才离岸创业基地建设，把更多的国外创业创新资源引入国内。

十、拓展城乡创业渠道，实现创业带动就业

（二十五）支持电子商务向基层延伸。引导和鼓励集办公服务、投融资支持、创业辅导、渠道开拓于一体的市场化网商创业平台发展。鼓励龙头企业结合乡村特点建立电子商务交易服务平台、商品集散平台和物流中心，推动农村依托互联网创业。鼓励电子商务第三方交易平台渠道下沉，带动城乡基层创业人员依托其平台和经营网络开展创业。完善有利于中小网商发展的相关措施，在风险可控、商业可持续的前提下支持发展面向中小网商的融资贷款业务。

（二十六）支持返乡创业集聚发展。结合城乡区域特点，建立有市场竞争力的协作创业模式，形成各具特色的返乡人员创业联盟。引导返乡创业人员融入特色专业市场，打造具有区域特点的创业集群和优势产业集群。深入实施农村青年

创业富民行动，支持返乡创业人员因地制宜围绕休闲农业、农产品深加工、乡村旅游、农村服务业等开展创业，完善家庭农场等新型农业经营主体发展环境。

（二十七）**完善基层创业支撑服务。**加强城乡基层创业人员社保、住房、教育、医疗等公共服务体系建设，完善跨区域创业转移接续制度。健全职业技能培训体系，加强远程公益创业培训，提升基层创业人员创业能力。引导和鼓励中小金融机构开展面向基层创业创新的金融产品创新，发挥社区地理和软环境优势，支持社区创业者创业。引导和鼓励行业龙头企业、大型物流企业发挥优势，拓展乡村信息资源、物流仓储等技术和服务网络，为基层创业提供支撑。

十一、加强统筹协调，完善协同机制

（二十八）**加强组织领导。**建立由发展改革委牵头的推进大众创业万众创新部际联席会议制度，加强顶层设计和统筹协调。各地区、各部门要立足改革创新，坚持需求导向，从根本上解决创业创新中面临的各种体制机制问题，共同推进大众创业、万众创新蓬勃发展。重大事项要及时向国务院报告。

（二十九）**加强政策协调联动。**建立部门之间、部门与地方之间政策协调联动机制，形成强大合力。各地区、各部门要系统梳理已发布的有关支持创业创新发展的各项政策措施，抓紧推进"立、改、废"工作，将对初创企业的扶持方式从选拔式、分配式向普惠式、引领式转变。建立健全创业创新政策协调审查制度，增强政策普惠性、连贯性和协同性。

（三十）**加强政策落实情况督察。**加快建立推进大众创业、万众创新有关普惠性政策措施落实情况督察督导机制，建立和完善政策执行评估体系和通报制度，全力打通决策部署的"最先一公里"和政策落实的"最后一公里"，确保各项政策措施落地生根。

各地区、各部门要进一步统一思想认识，高度重视、认真落实本意见的各项要求，结合本地区、本部门实际明确任务分工、落实工作责任，主动作为、敢于担当，积极研究解决新问题，及时总结推广经验做法，加大宣传力度，加强舆论引导，推动本意见确定的各项政策措施落实到位，不断拓展大众创业、万众创新的空间，汇聚经济社会发展新动能，促进我国经济保持中高速增长、迈向中高端水平。

国务院

2015 年 6 月 11 日

（本文有删减）

📖【能力训练】

1. 如何理解"所有创造性地开展事业的过程都是创业"？请将你的理解分享给你身边的同学。

2. 有人把当下称为"互联网＋"时代，也有人将其称为大数据时代，请参阅相关资料并总结这个时代给创业者带来的机遇和挑战。

3. 思考并回答下列问题：

（1）你的爱好是什么？

（2）你有什么特长？

（3）你愿意从事什么类型的工作？

（4）如果有足够的钱让你拓展自己的事业，你愿意去做什么？

4. 课堂活动

一分钟自我推销

- 活动目的：活跃气氛、增进了解、锻炼个人沟通能力，为组建团队做准备。
- 所需时间：每位同学 60 ～ 90 秒。
- 所需材料：无。
- 活动地点：教室。
- 活动内容：问候并介绍自己。
- 活动要求：

（1）每位同学写一份一分钟自我推销介绍词，精心准备，反复演练。

（2）按学号顺序依次上台演练。第一位同学上台后，后一位同学在指定位置等候。

（3）注意课堂纪律，控制笑声，确保自我推销介绍能自然顺利进行。一位同学介绍完毕致谢后，所有同学应以掌声回应。

- 具体步骤：

（1）上台问候，站稳后向所有人问好，然后再介绍。注意面带微笑，展现热情。

（2）正式内容演练，自我推销介绍。注意站姿、音量、介绍技巧、肢体动作等。

（3）致谢回座。

第二章　培养创业意识

小故事大道理

借　力

爱迪生在住所搞了不少实验发明。

有个朋友来看他，推门时十分费力，推了好几下才进去。客人向爱迪生抱怨："你这门也太紧了，竟使我出了一身汗。"

"谢谢，你有力地推门已经给我屋顶上的水箱压进了几十升水。"爱迪生高兴地说。

启示：生活中缺少的不是惊奇，而是发现。若细致地观察身边和周围，就会有许多创意。我们可以将创业意识的培养渗透到生活的点点滴滴。

【学习目标】

◇ 理解创新与创业之间的关系
◇ 认识培养创业意识对个人职业生涯发展的积极作用
◇ 审视自己，找出差距，确定目标

【章首案例】

不甘平庸走上创业路　大学生猪倌念出"淘金经"

在大学生就业难的社会现实下，如何冲出重围干出一番事业，是不少大学生面临的难题。有这样一位大学生，"跳出龙门"后又回到家乡，考取了村官，还当起了猪倌，走出了一条致富的好门路。近日，《东方今报》记者来到焦作市武陟县嘉应关乡二铺营村，向猪倌金志武"取经"，探寻他致富路上的百味体验。

一、不甘平庸走上创业路

2004 年，从焦作师专毕业后，金志武像其他大学生一样，投简历，找工作，最后学习汉语言文学专业的他在老家武陟县育杰学校当起了语文老师。"工作平淡枯燥，薪水待遇也不好，年轻人做两年就没心劲了。"金志武回忆说，年轻气盛的他不甘平庸，开始另觅出路。

这时，一个做饲料加工的朋友给了他启发："农村土地资源丰富，养殖场建得比较多，家家户户都有鸡有猪，家畜养殖很有前景。"2006 年，金志武毅然辞掉工作，从朋友的饲料厂里进来饲料，挨家挨户去卖："朋友厂里的饲料可以给我优惠，也可以赊账，我就没有后顾之忧了。到农户家时也尽量给农户优惠。"

就这样，勤劳本分的金志武受到了村里农户的认可，饲料卖得非常好。2006年终，金志武的销售业绩在厂里数一数二，拿到了年终大红包。

二、在困境中发现商机

可就在此时，一场突如其来的猪瘟把金志武摔回了现实。2006年春节前后，"蓝耳病"泛滥，几乎一夜之间，村里的猪都消失了，猪价也跌到"冰点"，农户损失惨重，没人再敢养猪。养猪行业的萧条导致饲料滞销，而金志武的仓库里还存着20多吨饲料，原本是为春节期间备用的，现在却成了没有用的废料。金志武找到厂家，可他的朋友也正好辞职，厂家拒绝退货。

看着堆放的饲料就这样打水漂，金志武很不甘心。这时，一个大胆的想法在他脑子里打转："如果我自己养猪，建个小型猪场，饲料就有用了。"但这个想法遭到了家人的反对："万一猪生病了，不就什么都没了！"金志武也有顾虑，但并没有就此放弃。

经过仔细考察，他发现养猪是个不错的商机，那时受猪瘟的影响，几乎没有农户养猪，幼猪的价格也降到最低，100元就能买到3头幼猪，这样不仅成本低，将来肯定有市场，而且国家也开始实施母猪补贴等各种优惠政策。

"如果不干，就真的什么都没有了，如果去干，或许还有希望！"说干就干，金志武顶着压力，开始了自己的养猪事业。

三、挖到创业"第一桶金"

2007年初，金志武把自家的旧房拆掉，在一亩多地上建起了一座猪场，买回80多头幼猪开始饲养。他向自家的一个老养殖户请教经验，并买来各种书籍研究养猪的窍门。

5个月后，第一茬猪长成，猪价也一路飙升涨到四五块钱一斤，"最贵时卖到8块钱一斤，每头猪我能赚到500～1000元。"金志武说，"那时候很幸运，很多人认为我是往枪口上撞，或许一念之差我就会赔得一干二净。但尝试去干了，我投了不到10000元的成本，都赚回来了。"就这样，金志武掘到了自己创业的"第一桶金"，对未来的发展也更有信心。

"当时没有人愿意再去养猪，村里的猪很少，传染源也没有了，而且国家出台了优惠政策，有市场，环境好，这就是时机"。说起经验，金志武说一定要分析环境，抓住时机。"还有一点，干一行一定要摸透，比如养猪，以前也不了解，但既然决定干这个了，就要想方设法成为行家"。现在，不嫌脏不嫌累，不嫌没面子，踏踏实实地干着自己工作的金志武成了村里的养殖专业户。

四、村官带领乡亲致富

如今，金志武已有两个猪场，能容纳300多头猪，是村里规模最大的养猪场。"今年八九月份卖了60多头猪，最高时10元一斤。"金志武告诉记者，"现在规模大了，每个月都有猪卖，春节前还会赚不少。"

金志武不仅自己走上了致富路，还带动了全村共同致富。2007年，金志武考取了嘉应关乡二铺营村的村官，成立了养殖协会，与村里几个老养殖户相互交流经验，定期聘请专家和教授来给大家讲课，并采取统一防疫、统一购买饲料、统一销售来降低生产成本，帮助村民共同致富。2008年3月，金志武被评为"焦作市大中专毕业生自主创业精英人才"，2010年11月，又被授予"河南省百名优秀大学生村干部'创业之星'"荣誉称号。

对于今后的发展，金志武说他还要接着干下去，并且要多方面发展。"现在利用猪场产的猪粪已经开发了沼气池，供给村里几户人家使用。"金志武告诉记者，猪粪是免费的好肥料，目前正和几个村民商量着建几个温室菜棚，以充分利用资源。他还盘算着再建个恒温猪棚："养猪对温度的掌握很重要，尤其是幼猪，生长必须有好的环境。猪最贵的时候就是过完年4月份左右，有了恒温猪棚，啥时候养猪都没问题了！"金志武对今后的发展充满信心。

资料来源：周欢欢.不甘平庸走上创业路 大学生猪倌念出"淘金经"[N].东方今报，2011-12-08.

【理论知识】

全球经济一体化进程的加快及知识经济时代的到来，使创新和创业成为当今时代的主旋律，成为实现一个国家经济发展的重要途径，并日益得到全世界的关注。

第一节　创新与创业意识

一、创新与创业

在高校中大力推行学生创新意识和创业能力的培养，既是国家建设创新型社会的要求，也是高校寻求自身发展的必然选择。关于创新意识和创业能力培养的讨论，必然能积极促进高等院校改革教学思路，优化教学环境，更新教学模式，促进高校健康发展。

（一）创新

创新是以新思维、新发明和新描述为特征的一种概念化过程，起源于拉丁语"Innovation"，它原意含有三层意思：一是更新；二是创造新东西；三是改变。创新是人类特有的认识能力和实践能力，是人类主观能动性的高级表现形式，是推动民族进步和社会发展的不竭动力。

第一次提出了创新概念的奥地利著名经济学家熊彼特认为，创新是生产要素和生产条件的一种从未有过的新组合，这种新组合能够使原来的成本曲线不断更新，由此会产生超额利润或潜在的超额利润。创新活动的这种本质内涵，体现着它与创业活动性质上的一致性和关联性。

（二）创新与创业的关系

创新是创业的基础，而创业推动着创新。从总体上说，一方面，科学技术、思想观念的创新，促进人们物质生产和生活方式的变革，引发新的生产、生活方式产生，进而为整个社会不断地提供新的消费需求，这是创业活动之所以源源不断的根本动因；另一方面，创业在本质上是人们的一种创新性实践活动。无论是何种性质、何种类型的创业活动，它们都有一个共同的特征，那就是创业是主体的一种能动的、开创性的实践活动，是一种高度的自主行为，在创业实践的过程中，主体的主观能动性将会得到充分的发挥和张扬，正是这种主体能动性充分体现了创业的创新性特征。

（三）创新是创业的本质与源泉

经济学家熊彼特曾提出，"创业包括创新和未曾尝试过的技术"。创业者只有在创业的过程中具有持续不断的创新思维和创新意识，才可能产生新的富有创意的想法和方案，才可能不断寻求新的模式、新的思路，最终获得创业的成功。

（四）创新的价值在于创业

从一定程度上讲，创新的价值就在于将潜在的知识、技术和市场机会转变为现实生产力，实现社会财富的增长，造福于人类社会。而实现这种转化的根本途径就是创业。创业者可能不是创新者或是发明家，但必须具有能发现潜在的商机和敢于冒险的精神；创新者也并不一定是创业者或是企业家，但是创新的成果则是经由创业者推向市场，使潜在的价值市场化，创新成果也才能转化为现实生产力。这从侧面体现了创新与创业的相互关联。

（五）创业推动并深化创新

创业可以推动新发明、新产品或是新服务的不断涌现，创造出新的市场需求，从而进一步推动和深化各方面的创新，因而也就提高了企业或是整个国家的创新能力，推动经济的增长。

二、创业意识

（一）创业意识的本质

创业意识是指在创业实践活动中对创业者起动力作用的个性意识倾向，它包括创业的需要、动机、兴趣、理想、信念和世界观等要素。创业意识集中表现了创业素质中的社会性质，支配着创业者对创业活动的态度和行为，并规定着态度和行为的方向、力度，具有较强的选择性和能动性，是创业素质的重要组成部分，是人们从事创业活动的强大内驱动力。

（二）创业意识的要素

1. 创业理想

创业理想是属于创业动机范畴，是对未来奋斗目标的向往和追求，是人生理想的组成部分。有了创业理想，就意味着创业意识已基本形成。

2. 创业信念

创业者为了实现创业理想，在创业活动中经过艰苦磨炼，逐渐建立起创业的信念。创业信念是创业者从事创业活动的精神支柱。

3. 创业世界观

创业世界观是创业意识的最高层次，是随着创业者创业活动的发展与成功而使创业者思想和心理境界不断升华而形成的。它使创业者的个性发展方向、社会义务感、社会责任感、社会使命感有机地融合在一起，把创业目标视为奋斗目标。

4. 创业需要

创业意识的形成，源自人的一种强烈的内在需要，即创业需要。创业需要是创业活动的最初诱因和最初动力。

5. 创业动机

当创业需要上升为创业动机时，就形成了心理动力。创业动机对创业行为产生促进、推动作用，有了创业动机标志着创业实践活动即将开始。

6. 创业兴趣

创业兴趣可以激发创业者的深厚情感和坚强意志，使创业意识得到进一步升华。一般在创业实践活动取得一定的成效时，便引起兴趣的进一步提高。

创业者可以通过对社会和市场进行细致观察和思考，培养自身具有强势的创业意识。毕竟要想取得创业的成功，创业者必须具有创业的意识。创业中国网 (cycn.org) 认为，创业的成功是思想上长期准备的结果，没有强烈的创业意识，也不易克服创业道路上的各种困难。事业的成功总是属于有思想准备的人，创业成功也属于有创业意识的人。

（三）创业意识的培养

创业意识是大学生主动创业的前提和基础。而创业的过程也是锻炼的过程，是不断学习提高、发展的过程。通过创业，可以使自己的事业得到发展，实现自身价值的最大化，可以激活人才资源和科技资源，使得许多新创意、新科技、新发明、新专利迅速转化为现实的产业和产品，实现对社会贡献的最大化。对于创业意识的培养而言，创业中国网提出了几大要点：

1. 培养树立远大理想，坚定报国信念

坚持用科学的理论武装头脑，树立正确的人生观、价值观和世界观，坚定为实现中华民族的共同理想，为祖国的现代化建设奉献自己的智慧和力量的决心。

2. 培养摒弃安逸思想，培植个人求发展的心理

不畏艰难，敢于拼搏。培养强烈的事业心和责任感，刻苦钻研，勤奋工作，努力学习，牢固掌握专业知识及技能；树立高标准、严要求，不怕困难，勇于创新，敢于创业，争创一流的思想，从而激发创业意识。

3. 培养积极投身社会实践，养成善于观察、勤于思考的良好习惯

在实践中锻炼自己，了解社会、了解自我，完善素质、提高能力；通过对事物的观察和思考，激发创业需要，树立创业理想，坚定创业信念。培养脚踏实地的工作作风。坚持解放思想与实事求是相统一，既要敢想敢干，又要求真务实，在工作和活动中感受创业情境。

4. 培养发展健康的个性与兴趣

健康的个性与兴趣可以激发创业者的创业热情，升华创业意识，是创业意识形成的重要因素。

因此，创业中国网研究总结得出，创业者要学会创造可发展健康个性和兴趣的自由空间，积极参加兴趣小组和社团的活动，有意识地培养兴趣、发展兴趣。在创业和个人的发展过程中，情商（EQ）与智商（IQ）有着同等重要的作用，是创业者发展和生存必不可少的力量源泉。

（四）创业意识培养的途径

1. 开展创新创业竞赛，培养创新创业意识

鼓励学有余力的学生积极参加各类竞赛，将创新创业意识的培养融于竞赛之中。近年来，我们西北民族大学大力开展以挑战杯、升华杯、数学建模竞赛、创业设计大赛、职业规划设计大赛、力学竞赛等为主要形式的科技创新系列活动。在这些竞赛之中，学校取得了丰硕的成果，同时培养了一大批优秀的学生，也资助了一部分学生自主创业。

2. 以项目为载体，参与创新创业项目

实践出真知，要使一代大学生在观念上变革，就必须以实践作为大学生创新创业意识孕育的载体，使更多的学生参与实践活动，进而萌发创新创业的意识。

近年来，学校鼓励许多同学参与创新创业项目的申报，先后成立了"国家大学生创新性实验计划"和"米塔尔创新创业项目"等。凡是申请了项目的团队，学校都为其配备一名指导老师。在老师的指导下，同学们积极参与到项目中去，完成申请的创新课题或创业计划，在杂志上发表论文、申请专利或创立自己的企业。

"国家大学生创新性实验计划"是教育部、财政部"高等学校本科教学质量与教学改革工程"的重要举措之一，该活动是以课题的形式，资助在校本科学生开展研究性学习和创新性实验，计划分四个年度 (2006 ~ 2010 年) 在全国总共资助 15000 个项目。2007 年，教育部的"质量工程"启动以后，学校成为首批"大学生创新实验计划"的 60 所高校之一，进入第一方阵序列；从 2005 年至今，教务处投入 707 万元，资助了 846 项创新实验计划项目，参与学生 4250 人。2009 年，学校共有 274 项大学生创新性实验计划项目获得资助，其中，65 项获得了教育部的资助。"米塔尔创新创业项目"则是由米塔尔 (Mittal) 钢铁公司每年出资 30 万元在西北民族大学成立的，每年资助 60 余个项目。

3. 推广创新思维训练，培养创新创业能力

有时思维方式决定解决问题的成败。通过思维训练教会学生转变思维角度，大胆创新和突破，从而形成个性化人格、独立意识。创新思维训练寓教于乐，往往有许多新奇的案例使学生乐不思蜀，更重要的是使学生真正参与进来开动脑筋。

在当前的形势下，迫切需要把各个高校的有效举措加以总结完善，并进一步推广，以使更多的大学生从中受益。

第二节 创业与自我认识

创业意识的培养只有基于充分的自我认识，创业者才能找到正确的职业方向，在适合自己的领域内对自己的事业充满热情和激情，并不断追求更高的目标、更好的生活。

自从创业者决定要开始创业那一刻起，就应该从思想和行动上为创业做准备了。首先要做的就是找准自己，明确定位。认真思考我想做什么？我能做什么？我应做什么？也许此前从未想过，但是在决心创业时必须认真思考下面的三个问题，为今后的创业历程厘清思路，做好铺垫。

一、我想做什么——设定目标

在确定目标前，首先要清楚地知道自己想要的是什么。用一个简单且有效的

办法验证，就是去想象和规划"未来的自己"——未来自我发展的理想状态。未来的自己应该是怎样的？作为企业家的自己应该具备哪些素质？需要发展哪些品格？除此之外，创业者需要确定自己的发展目标，确定创业者在未来应该具备的能力。

（一）设想

在每个人的心里都有自己所向往的东西和所崇拜的人。一方面，去想象一下未来的生活状态，想想在心目中，最希望五年以后做什么？那时候，自己的生活会是什么样子？其实这样做能够探究自己内心真实的期望。另一方面，人们说榜样的力量是无穷的。想想身边的成功人士，问问自己最崇拜谁，崇拜谁就会自然而然地去关注他（她）、学习他（她）。想想他（她）身上什么样的品质或能力吸引人，是自己所期望的，榜样可以给人一种激情，而模仿和学习，就是成为他的开始。就像学习书法和绘画一样，都是从描红临摹开始最初学习的。

（二）目标

当看到自己未来理想的状态后，再重新审视一下现在的自己，正如"往昔所造，观待此时身。今后所去，观待此时业"。以现在的行动，是否有望成为那个理想中的自己？如果真要实现未来理想的状态，又要付诸哪些行动？为自己设定的目标是什么？并非所有的目标都是同等重要的，给定时间限制，要确保给最重要的目标以最高的优先级。

一个人能够成为什么人，是因为他相信自己能成为什么人。如果相信自己能行，那就一定能行。如果将自己的远大规划细细拆分，我们马上就会发现，其实我们根本没有时间停下来发呆。

（三）规划

未来实现的目标需要哪些具体的行动？在这里就需要开始规划实现目标的路径，既需要强调重要性，也需要强调紧迫性。如果某项活动是不重要的，应当将其授权给别人去做，如果某项活动是不紧迫的，通常可以先把它放一放。在这一步上，应识别出哪些活动是必须做的，哪些是应当做的，哪些是有空时将要做的，哪些是应当授权别人去做的。在这一阶段务必实现定量化和可视化。

二、我能做什么——审视自己

开始创业前，创业者首先必须确定自己目前的实际状况：我的处境如何？我的缺点在什么地方？我的优点在哪里？总之，必须"认识自己"。给自己画一张自画像：自己了解自己吗？知道自己的处境如何吗？

（一）了解自己的优缺点

每个人都应该正确认识自己，每个人都有自己的长处和短处，人无完人。尺有所短，寸有所长，只有真正了解自己的优点和缺点，知道自己适合做什么，才能扬长避短，充分发挥自己的潜能。

（二）自己拥有何种能力和资源

能力来自本身，而资源是附带的来自外在的东西，例如资金、人脉、渠道等。每个人都拥有不同的资源和能力，想想自己有什么特长或者拥有哪方面的能力以及清楚地知道自己所拥有的资源，这对于将来的创业和创业发展至关重要，因为，自己最大的成长空间就在其最感兴趣、最强的领域。只要善于发现、发挥优势，必能技压群雄、脱颖而出。

世界上每个行业都有其自身的规律和特点，而任何人都不可能是万事俱能的完人。创业者面对形形色色的行业选择，有擅长的，也有不擅长的，但是总会有最适合自己的。认识自己，就是为了清醒地找到自己的位置。

三、我应做什么——缩小差距

要想拉近理想与现实的距离就要首先定位目标，然后开始行动，只有通过实实在在的行动，才能实现理想，如图 2-1 所示。

图 2-1　拉近理想与现实距离的过程

（一）用成功者的心态处世

如果一个创业者立志要成为一个优秀的企业家，那么从今天开始，就要用一个企业家的心态、思维模式和眼光来学习、观察、分析处理身边的人和事，并且要用企业家的标准要求自己，从思维方式到心态，都要向他们学习，就好像已经成为成功的企业家一样。

（二）做好迎接挑战的准备

成功从来都不会是一蹴而就的。创业者一旦已经明确了创业的目标是什么，那么不管这个目标多么难以达到，也要认为自己已经拥有了，只不过正在取得的路上。如果拥有了这样的心态，就会进入一个可以最有效帮助创业者实现愿望的状态，从而逐步接近目标。

（三）机会永远靠自己创造

从来就没有救世主，一切都要靠自己的努力。创业者只要把现在的自己和目标的自己比较一下，看看距离在哪里、差距有多大，把这些差距变成动力，一天天、一点点地缩短与目标的距离，最终就能实现创业的愿望，只要坚持不懈地努力，就一定可以成为成功的企业家。

四、清理通信录

管理学大师德鲁克有一句名言："清理你的人脉就像清理你的衣柜一样，将不合适的衣服清出衣柜，才能将更多的新衣服放入衣柜。"

（一）交友要有取舍

俗话说：一个好汉三个帮。意思是说，有本事的人也需要别人的帮助才可以把事业做好。现实中大多数人是"在家靠父母，出外靠朋友"，在社会上、在人生的每个阶段、在每个人的身边，都会有朋友的身影。但是，"近朱者赤，近墨者黑"是说靠近红色会变红，靠近黑色会变黑，因此，有选择、有取舍地交友，对一个人的成长很重要。

人的一生中，不断面临着取舍的问题，孟子曰："鱼，我所欲也；熊掌，亦我所欲也，二者不可得兼，舍鱼而取熊掌也。"为了实现创业目标，就必须舍去一些朋友，多腾出时间来为自己的创业梦想而努力奋斗。

（二）交友须胜己

当创业目标确定以后，就要分清哪些人是与目标一致的，哪些人是与目标相悖的，必须做到"道不同不相为谋"，不要浪费宝贵的青春，要惜时如金。一个人的精力是有限的，只有把有限的光阴专注在自己的创业目标上，才可以实现成功创业。孔子曰："交友须胜己，似己不如无。"多与成功的企业家接触，时间长了，自己也成为企业家了。

（三）密切联系客户

在创业者决定创业以后，就要时时关注市场的发展变化，与目标顾客保持密切的联系，竭尽全力的工作，创出令人信服的业绩，致力于维护好稳定的客户群体。

（四）靠近目标市场

开始创业以后，创业者就要把全部精力放在市场和顾客身上，只有靠近市场，才可以找到市场的需求；针对市场需求而生产的产品和服务，才会有人购买；有了顾客的购买，才有维持企业生存下去的利润，点滴利润的积累，就是未来的财富，这就是企业家把顾客看成"上帝"的原因。

（五）立身成败在于所染

同市场有关的、同信息有关的、同业务拓展有关的人会成为创业者的新朋友，因为开始了创业的新生活，也会有一群同样创业的人加入到创业者的朋友群体里，这也是"人以群分，物以类聚"的道理。有共同语言的人，会自然而然地走到一起。

（六）一寸光阴一寸金

从创业者立志要成为企业家伊始，就要没有节假日和业余时间的概念。创业者365天都在工作，这是常有的事，因为创业是在为自己工作，创业就是忙碌并快乐着。

五、创业前的心理准备

（一）创业过程需要忍耐

生物学家巴斯德说过："告诉你使我达到目标的奥秘吧，我唯一的力量就是我的坚持精神。"没有人可以随随便便成功，没有一个人的成功是一帆风顺的。创业初期的独立和自由是和寂寞紧密相连的，但是当创业成功者遇到挫折时，总是充满信心地忍耐和等待事业光明的到来。

（二）遇到挫折需要信心

创业历程也与四季一样，既有高峰低谷，也有暖春寒冬。记得一位诗人说过："冬天到了，春天还会远吗？"成功的创业者在战胜各种困难和坎坷的过程中，总是用"天将降大任于斯人也，必先苦其心志，劳其筋骨"来鼓励自己坚持下去，于是，心智得到了提高，品格受到了考验，意志也更加坚定，在克服和战胜困难的过程中成就了完美而成功的事业。

（三）成功需要毅力和坚持

如果立志命运从创业开始改变，就要咬定目标不放松，矢志不渝地付出努力，这样就一定会得到回报。有思路才会有出路，有作为才会有地位。人首先必须敢想，其次必须敢做，人生才会改变，理想才会实现。如果没有播种，就永远也不会有收获。

（四）成功需要胆识和魄力

所有成功的企业家，并不是因为具有天生的才能而成功，而是因为具有过人的勇气、坚定的信念、执着的精神、不屈不挠的意志，才会在历经风雨之后，取得创业的成功。一个创业者想要成功，应该具备胆识和魄力。

【拓展阅读】

创业，要做好哪些准备

创业是一条艰辛的路，如果在没有做好准备的前提下，只靠激情创业，那么这条路就是一条不归之路。很多创业者充满激情选择创业，但是由于缺乏理性思维，没有对投资项目进行认真分析，因而在创业过程中容易陷入困境。

创业一定要做好各方面充分的准备。创业人员将从哪些方面进行准备呢？下面的分析或许会告诉你答案。

一、为公司设立构想了吗

创业者首先要有一个构想，然后从构想开始，考虑组建一个怎样的团队，怎样再将其发展成为一个规范的公司，怎样预见公司的发展前景，然后确定企业的发展规划。

二、如何确立目标

创业者不能以赚多少钱为目标。赚钱是重要的目标，但创业本身应该有理念，理念会带动很多产品的创意和实践冲动。

三、 创意独特吗

创业者必须对市场有相当的了解。因为一个很好的创意，在市场上并不一定有价值，市场上有价值的东西，并不一定很难做。关键是怎样把市场的需求和产品结合起来。在创业时选择自己独特的环境，不要和别人一窝蜂地跑。

四、开办公司需要多少资金

有了创意后，下一个重要的问题就是用多少钱可以实现目标，还要考虑到有多少钱才能挺过创业初期艰难的阶段。

五、确定好创业期限了吗

一个规模化公司，至少需要3～5年时间才能发展起来。时间越长，风险越大。因为市场是不断发展和变化的，三五年后可能已发生很大变化，也就可能与原来的预期相差太大。因此创业最好以两年为准，要想办法在两年内把产品做到最好。

六、是否做好了经常加班熬夜的准备

要创办一个公司，血汗和泪水都是必须付出的。虽然并非所有靠自己努力成功的人都是工作狂，但是他们中有相当一部分人确实如此。对于他们来说，工作犹如一种嗜好，一种消耗他们精力的方法。

七、怎样组织好的团队

开公司需要帮手，而且至少有两个帮手需要用好，一个是针对公司内部的，另一个是针对公司外部的。创业初期，公司的规模通常都很小，许多行政事务如人事、财务、报税等，也可以外包给社会上的一些中介机构去代理。随着企业的不断扩张，要有意识地组建一支高效率的团队。

八、创业者善于广结人缘吗

卡耐基有句名言："一个人事业上的成功，30% 靠他的专业技术，70% 靠他的处世技巧和人际关系。"而今，更有人总结说，公共关系也是生产力。

九、敢冒风险吗

现代商人的一个很重要的特长就是敢于想象、善于开拓、敢冒风险，对机会的把握十分准确，并且永远领先于时代。

十、有创新精神吗

创办公司或实体是一种求新、求变、求发展的过程，是一种不断追求盈利的过程。因此，刻意地寻找变化，适应变化，甚至迎接与利用变化，正是发展的契机。

资料来源：钟银海. 我适合创业吗 [J]. 理财杂志，2005(12).

📖【能力训练】

1. 你认为什么是创业？创业意识在你的生活中体现在哪些方面？

2. 你如何看待创业项目与所学专业的关系？

3. 课堂活动

白日梦

- 活动目的：点燃创业热情，激发创业潜力。
- 所需时间：15 分钟。
- 所需材料：笔、空白纸张。
- 活动地点：教室。
- 活动要求：要求学生将资金规划到生活和事业两个方面。
- 具体步骤：

（1）给每位学员发放一张白纸。

（2）给出题目：如果你凭空得到 100 万元人民币，将如何支配这笔钱？请按自己的实际想法写出简单的策划。

（3）与小组的其他成员分享并讨论。

• 活动总结：如果你的朋友获得这笔钱，为了发挥这笔钱的作用，你将给出怎样的建议？听到小组其他成员的分享之后，有了什么新的认识？

4.认真填写表 2-1 并保存起来，以便到既定日期时进行对比。考虑为了实现这个目标，应该多联系什么样的人，一定要明确，越详细越好。

表2-1 计划目标

	五年后达到	明年达到	今年达到	本月达到	本周达到
生活目标					
家庭目标					
教育目标					
经济目标					
个人发展					

第三章 发扬创业精神

小故事大道理

不同之处

有人问哲学家亚里士多德："你和平庸人有什么不同？"

"他们活着是为了吃饭，而我吃饭是为了活着。"哲学家回答说。

启示：人活着是为了什么？如果只是为生存而疲于奔命，失去精神追求，那么这是庸人。把生存作为基础条件，而从事对人类更为有益的工作，为人类创造出更多的精神财富，这就是有益于社会的人。那些被誉为拥有创业精神的学习者，对生活总是饱含热情，他们的激情来自他们的内心。那些发生在身边的创新带来的生动迹象，无一不是拥有创业精神的人们的杰作。

【学习目标】

◇ 了解创业者应具备的素质和能力
◇ 了解创业精神和创业活动对经济增长的作用

【章首案例】

38 岁的他卖房创业，只为创造自己的鞋类品牌

38 岁，意味着什么？很多人觉得，38 岁，意味着安定，守着老婆孩子守着家，平平淡淡，但是，他却不这么认为，38 岁，他的创业刚刚开始。

塞巴斯蒂安·爱德华茨（Sebastian Edwards）已经在其乐（Clarks）公司待了超过 15 年。高薪，没什么压力和顾虑，只需要按部就班给这家百年老店设计鞋子就好。直到四年前的 2012 年，38 岁的爱德华茨终于醒悟：上班不如单干。

说来其乐公司还是爱德华茨家祖辈创立的。爱德华茨的爷爷弥敦·克拉克（Nathan Clark）就是公司的鞋子设计师，1947 年设计了红极一时的沙漠鞋。而弥敦·克拉克其实是公司创始人詹姆斯·克拉克（James Clark）的曾孙。这么看，其乐就是家族企业，爱德华茨本可以安稳地在公司待上一辈子。

不过他说："我已经对公司生活厌倦了，我不排除还会回来，但我现在要是不抓住创业的机会，就依然一无所成，并且会后悔的。所以我就来创业了。"

创业可不是说着玩的。需要懂技术、制造和推广，还得有资金，爱德华茨卖掉了自己的大房子，住到一处小房子里面，然后在时尚闹市租了一处门店，用于展示并销售自己的作品。他自己负责鞋子的设计，他的妻子来自西班牙，是他的合伙人，帮他处理其他事情。

爱德华茨把自己的公司定位成家庭作坊，自己设计，找人代工制造，之后自己销售。"我真的很享受运营一家小公司的舒适感以及自己与顾客之间简单的交易。"

这和那些外出打工多年，老了之后回到老家县城开店卖衣服卖鞋子的大姐大妈并不一样。爱德华茨的梦想可不仅限于在闹市区开店谋生而已，他要自己设计全世界独一无二的鞋子，而且要创立自己的鞋类品牌——7引导线（Seven Boot Lane）。

至于产品定位，爱德华茨的目标顾客主要是中高端时尚人群，作为之前工作的遗产，爱德华茨擅长设计低帮鞋，刚好到脚踝以及不到脚踝的那种。当前的主力产品有三款，售价分别为125英镑、160英镑以及165英镑。

鞋子的质量虽然关键，但对于时尚类商品，更重要的是品牌认可度。推广初创品牌的最佳方法就是得到时尚名人的认可，比如当他们在公共场合穿着，出席活动的时候凑巧被拍到，就能得到曝光。

爱德华茨尝试过把鞋子免费送给名人，但效果并不好。有时候他的鞋子被明星私人造型师藏进了衣柜，永不见天日。就算明星平日有穿着，如果没有出席活动，没被摄影师拍到，也几乎没有曝光度。

或许有点运气的成分，有一次爱德华茨竟然发现英国王妃的妹妹皮帕·米德尔顿（Pippa Middleton）穿着自己设计的鞋，并且被时尚杂志拍到刊登了，这让自己的时尚品牌一夜成名。"这个款式马上销售一空，我们体会到明星效应的甜头"，爱德华茨告诉当地记者。

据爱德华茨介绍，根据明星的知名度，每次让自己的鞋子装进明星的衣柜，就得花上好几千英镑。并且，还要设法多接触行业造型师，尤其是那些有影响力、有资源的关键造型师。

在鞋品制造上爱德华茨选择了一家位于西班牙的制鞋厂。这也是家庭式的小厂，他认为，选择小型制鞋厂一方面是价值观和经营模式与自己相近；另一方面，小厂可以更好地利用自己灵活的优势，沟通效率也会高一点。

他还说许多在大公司不好施展的推广手段，在小公司很有效，比如，迅速做一个品牌网站和线上网购的网站以及自己开设博客，自己做新媒体推广。他感叹："社交网络的力量，强大到不可思议！"

资料来源：38岁的他卖房创业，只为创造自己的鞋类品牌[EB/OL].青年创业网，http://www.qncye.com/gushi/chenggong/090920110.html，2016-09-09.

【理论知识】

今天，有越来越多的人开办了自己的企业，飞速发展的经济与日渐宽松的经营环境也为创业者们提供了前所未有的机会。然而，虽然开办一家企业听起来是激动人心的，但是管理好一家企业却远非那么简单。创业者要考虑方方面面的问题，既要制订战略，又要确定实施方案；既要把握企业的方向，又要控制好企业的发展速度。事实上，有很多创业者正疲于应付这一切。有关研究表明，即便是在"盛产"创业者的西方发达国家，将近90%的中小企业寿命也不超过10年。因而，如何赋予企业长久的生命力，缔造长寿公司，就成为摆在创业者面前的重大课题。

在企业管理领域，著名的创业学家拉里·法拉尔在《创业时代》一书中指出："无数企业的兴衰告诉我们，现行的管理经验并非是企业早年得以增长的要素，而恰恰是导致他们衰败的原因，企业成功的真正基础正是所谓的创业精神。""是创业精神，而非管理技术，驱动着所有公司的成功和高增长。"

第一节　创业精神与社会发展

创业精神既是创业的动力源泉，也是创业的支柱。没有创业精神就不会有创业行动，也就无从谈起创业。即使有创业，也往往是浅尝辄止、半途而废。创业的道路不会一帆风顺，总是充满困难和荆棘。因此，创业精神与学历无关、与企业大小无关，但对创业至关重要。

一、创业精神的本质与来源

（一）创业精神的本质

如果从概念上说，创业精神是指创业者在创业过程中的那些具有开创性的思想、观念、个性、意志、作风和品质等重要行为特征的高度凝练，主要表现为勇于创新、敢担风险、团结合作、坚持不懈等。创业精神的本质是创新意识和主动精神。

（二）创业精神的来源

创业精神的形成与发展主要受文化环境、产业环境、机制环境、生存环境等方面影响。

1. 文化环境

创业行动者是生活于现实文化环境中的学习者。作为学习者，其生活所在区域的文化价值观就是其学习的重要内容之一，因此，在一个商业文化氛围浓厚的地方，潜在的创业行动者容易培养创业精神。

2. 产业环境

不同的产业环境会对创业精神产生影响。对于垄断行业而言，企业缺少竞争，就容易抑制创业精神的产生。而在一个完全竞争的市场结构中，由于企业间优胜劣汰、竞争激烈，往往能激发创业精神。

3. 机制环境

创业精神产生于特定的机制环境，竞争的机制环境有利于创业精神的产生。

4. 生存环境

在资源贫瘠的地方，人们为了改善生存状况而寻求发展机会，整合外界资源，更需要激发和形成创业精神。

二、创业精神的作用与培育

创业既是一种能力，也是一种精神。如果说资金和项目对创业者非常重要的话，那么具有一种创业精神，才是更重要的大问题。创业者的自身素质是创业成败的关键，而创业精神需要在创业过程中慢慢培养，创业者的素质和能力，包括创业者的创业精神，都是可以培养和提高的。

（一）创业精神的作用

创业精神能够激发人们进行创业实践的欲望，是一种内在的动力机制。它在很大程度上决定着一个人是否敢于投身创业实践活动，支配着人们对创业实践活动的态度和行为，并影响着态度和行为的方向及强度。

创业精神能够在三个领域产生积极的作用：其一是个人成就的取得，即个人如何创建自己的企业；其二是大企业的成长，也就是大公司如何使其整个组织都重新焕发创业精神，创造更高速的成长，从而具有更强的竞争力；其三是国家的发展，也就是如何实施创新驱动发展战略、全面建成小康社会，使国家更富强、人民更幸福、社会更和谐。

创业精神的力量能够帮助个人、企业，乃至整个国家或地区在面对错综复杂的竞争环境时走向成功和繁荣。当前，世界产业结构正经历着转变，创业精神有利于我国加快转变经济发展方式，促进经济持续健康发展。

（二）创业精神的培育

通过创业培训实践发现，真正去创建一个公司毫无疑问是学习创业、培养学生创业精神无可替代的好方法，但是，在学校里如果让学生真的去开公司，则需要具备一定的客观条件。因此，我们不妨把创业者身上最重要的创业精神、创新意识等品质提炼出来，用案例教学法、模拟情境教学法、项目教学法去给学生创造学习的环境，在培育创业人格、培养创新能力和强化创业实践等方面实现创业精神的培育。

1.培育创业人格

个性特征对创业者来说非常重要，尤其是"独立性""坚持性""敢为性"等。所以，人格塑造与创业精神培养相辅相成。大学生要树立心理健康意识，提高心理素质，增强适应能力，自觉培养坚忍不拔的意志品质和艰苦奋斗的精神。此外，还可以采用创业案例剖析创业者的人格特征、进行心理训练等，掌握形成良好的心理人格特征的途径和方法。

2.培养创新能力

创新是创业精神的核心。大学生要保持个性发展和好奇心、求知欲，具有勇于突破前人的经验，突破书本的理论，突破难题的信心和精神，自觉培养科学精神，训练创新思维，提高创新能力。

3.强化创业实践

"纸上得来终觉浅，绝知此事要躬行。"大学生应该利用课余时间参加一些创业模拟和社会实践活动，增加对企业的了解和对社会的认知。通过在校内外参加创业竞赛和实习见习等活动，在实践中磨炼自己，培育创业精神。

一个人，如果可以在家取悦父母（孝顺、多做家务、体贴父母），在校取悦老师（认真学习、积极发言、懂事、会体谅别人）、取悦同学（同学有事能相助、互相关心、友爱，对人和善），当别人都说你好时，谁能说这不是成功！同理，一个人一旦在生活和实践中培育了创业精神，就不会再惧怕困难。一旦养成了这些优良的习惯，形成了优秀的性格和品质，就会是一个无论到哪里都会发光的金子；一个优秀的人会习惯于优秀，一个有创业精神的人不论将来是就业还是创业，都会是一个不断进取、不断创新、对社会有用的人才。

三、创业精神与社会发展

人类进入机器大工业社会最伟大的发明就是大企业、大组织的社会存在方式。在工业社会中，人类逐渐学会了信赖程序、按流程组织协调成千上万个独立个体的行为。组织使个体能够围绕同一个目标进行分工协作。专业化使单位工作效率得到极大的提升，组织使规模经济得以实现。组织成为社会最重要的结构单元，而个人，如果还存在纯粹意义上的个人的话，也都是作为组织中的人存在。在专业化分工和组织规模极大地提升了社会产出效率的过程中，人类自身感受到的幸福感并没有得到同样的提高。在一定意义上，它反而成为禁锢人类自由、压抑人类天性、掠夺人类天赋的经济怪兽。

一个有效率的企业能否同时是保持人类天性的组织？如何有效地解决组织效率与个人自由之间的矛盾？工业社会在带给人类极度丰富的物质财富的同时，能否拯救人类正在失去的幸福感？这些问题自工业社会诞生以来就不停地受到来自社会学家的质疑。经济学家企图为这种被工业社会扭曲的人类心灵提出种种合理解释。但无论我们如何"合理地"解释工业社会中人类所表现出的贪欲、自私是多么地符合人的天性，现实却是在企业获得利润的同时，能否帮助人类获得心灵的解放和个性的张扬，是工业社会永远无法回答的问题。

在20世纪70年代，德鲁克便宣称，美国已经由管理资本主义社会转型为创业型社会。虽然至今我们仍然没有观察到创业型社会作为一个独立的社会发展阶段应有的特征，但创新精神和创业活动确实在方方面面影响着我们的社会生活。

首先，创新精神和创业活动的兴起将"人"推向了整个社会发展的中心。由于创业和创业活动更信赖人的创造性和主动性，使整个社会更加关注人的发展。在工业社会中，企业中的角色基本可以简化为股东、管理者和一般性员工（大多数经济学家的企业模型也是如此构建）。股东出资成为这个企业的所有者，管理者分配并监督员工的劳动成果，而员工则将自己无差异的劳动时间交由他的上级支配，从而获取劳动力再生产所需的收入。对于员工来说，工资是企业支付的维持生活的必要生存条件；对于企业来说，工资是支付给员工的成本。工资是连接企业和个人的重要纽带，同时又是企业与个人之间的矛盾焦点。在这种价值体系下，企业总是偏向于低估人的价值，而员工则往往愿意高估自己对企业的贡献。

在以创新为主导的经济发展模式下，一方面，外部环境的巨大不确定性、技术的高速变迁、决策速度要求越来越快等因素，使"老板决策，员工执行"的企业管理方式不能适应外部环境的发展；另一方面，整个社会知识工作者的增加以及蓝领工人的减少，使社会主流就业人群的价值观发生了改变。人们对企业的忠诚度远低于他们对自我、家庭以及个人兴趣的忠诚度，人们在创造出巨大物质财富后，表现出对生活质量的高度渴望。所以，无论是新创企业还是公司创业，都不可能在原有的分工与管理体系下获得成功。可以说，工业社会的企业管理模型对于创业型社会来说太落伍了。创业活动使企业工作的重点必须从对人的管理，转移到对人类潜质的开发，转移到帮助人类获得心智的模式转变。从这个意义上说，创业和创业活动首先承认人的天赋和能力，社会和企业需要做的就是发掘和充分利用人的这种能力和天赋。

其次，创业活动将使人们能够逐渐从工作本身获得满足感和成就感。机器大工业的发展使人们离开了生活与工作一体化的土地。在工厂里接受培训并在管理者的指导下进行工作，人们的生活与工作开始发生分离。工作设计的基本宗旨是围绕如何使整个工作过程变得更为有效和有序。人们为了生存而工作，并在生活中寻找工作中没有的乐趣。在这种情况下，任何福利和工资都作为一种额外的补偿，以使人们从事他本不情愿的工作。即使是企业提供的培训，也成为企业提高劳动生产率、强化员工忠诚度的一种手段。在这种培训体系下，人们表现出对接受新的技能和知识的厌恶与反抗，因为他们常常把自身技能和知识的提高与更多的付出联系在一起。在这种工作压力下，人类更多的时候，表现出压抑和疲惫的生活状态。由于大多数人的需求被满足的层次总是停留在类似生理、安全的低水平上，而成就感、自我实现只是少数成功者的专利。

与此相反，人们无论是在自己创业的过程中，还是在参与大公司内部创业活动的过程中，都表现出对工作更多的热情，表现出对新事物更浓厚的兴趣。创业活动往往能够将工作过程与工作成果之间的联系体现得更加清晰。更多的时候，创业活动源于将某种新技术或产品引入市场，或者调动现有的资源和产品去满足一个尚未被发现的市场。无论是前者还是后者，创业者的目标，创业团队的目标都要清晰。参与创业活动人员的工作与企业最终结果之间的关系清楚明确。创业过程的每个参与者，都会从工作中得到实现自我价值的满足感。创业活动增加工作者满意度的另外一个原因，来源于工作内容的多样化。创业活动通常是以团队的方式，而非官僚机构的方式开展。团队之间的分工没有像机器工业的流水线作业那样细致。每个创业活动的参与者总是承担多种任务和角色。不同的工作与不同的任务，要求工作者经常变化工作的技能和方法，而正是这种变化满足了工作者"喜新厌旧"的天性。与每天重复一种工作相比，多样化的工作给创业活动的参与者以更大的幸福感。与泰勒时代的工人学习模型不同的是，"干中学"成为创业过程中员工最重要的学习模型。没有人通过分析给出其最佳标准，并将这一标准作为绩效标准要求员工进行学习。创业过程中遇到更多的是没有既定答案的问题。人们必须主动积极地探寻解决问题的方法。团队中没有教官，只有相互帮助的合作伙伴。这一过程充分地满足了人类固有的好奇心，激发了员工的创造性，学习成为满足人们好奇心和解决问题的手段。

最后，创业活动充分保障了社会良好的流动性。流动性是社会活力的源泉，同时也是公平效率的保证。人们能够在不同阶层中垂直流动，任何一个阶层中的成员，都不能以继承的身份或财产终其一生，任何出身的年轻人都可以凭借自身的努力获得成功，这是一个开发性社会的特征，也是人类对社会的期望。在强调身份的农业社会里，人们向往着突破身份的羁绊，获得人生的改变和成功，即所谓"王侯将相，宁有种乎"。在工业社会，工商阶层，特别是企业主和领取薪水的管理人员的大量出现，使得财产权利，而不是身份成为社会机构的基础。在这种社会结构下，外部契约替代了身份成为社会的主要特征。整个社会的流动性大大增强，许多人依靠自己的才智和奋斗获得了社会的认可。但随着社会财富的增加以及资本在整个社会再生产中的地位，许多拥有大量资本的人开始从日常经营管理中脱离出来，不再从事实际工作，许多人因此成为依赖继承财富的"食利"阶层。一些有着聪明才智和经营能力的人由于缺乏与资本结合的机会而成为领取固定薪水的企业经营者和管理者。在打破身份对社会流动的阻滞之后，资本对知识的雇用成为阻碍人们进一步纵向流动的要素，"富不过三代"可视作对这种阻碍作用后果的脚注，也是人们对社会流动机制新的期盼。

社会总体创新精神和创业活动的增强，无疑为清除这种障碍提供了有效途径。创新精神和活动总量的增加会给现存的企业和机构更大的外部压力。企业希望永驻成功而成为百年老店的可能性微乎其微。企业必须不断地保持创新精神，不断地完成第二次创业、第三次创业，在不断创业的过程中获得基业的常青。而小企业，甚至是个人，都有可能通过创新和创业登上财富的榜首。这种依靠个人奋斗、平步青云的成功故事，激励着更多的人加入到创业活动中来。

第二节　创业与职业生涯发展

创业成功是可以规划的，创业能力对个人职业生涯发展起着积极作用。

一、职业生涯规划的定义

职业生涯规划是指个人和组织相结合，在对一个人职业生涯的主客观条件进行测定、分析、总结研究的基础上，对自己的兴趣、爱好、能力、特长、经历及不足等各方面进行综合分析与权衡，结合时代特点，根据自己的职业倾向，确定其最佳的职业奋斗目标，并为实现这一目标做出行之有效的安排。

二、创业能力对个人职业发展的意义

对年轻人而言，职业选择是否适当，将影响其将来事业的成败以及一生的幸福；对社会而言，个人择业是否适当，能决定社会人力供需是否平衡。如果每个人都适才适所，那么，不仅每个人都有发展的前途，而且社会亦会欣欣向荣；相反，则个人贫困，社会问题丛生。因此，职业选择对一个人及社会都有着极重大的关系。

如今，创业已经成为大学生职业选择的一种。但是，创业是实践性很强的过程，要求创业者不仅要拥有创业精神、创新意识，同时还要具备足够的创业能力。创业能力与新创企业成败直接相关，创业能力强，则创业成功率高；反之亦然。

当大学生选择了创业这个没有上司的职业之后，就成为一名真正的创业者，这时就需要自我管理、自我决策、自我规划。因此，在选择创业前，应该进行创业实践训练，向成功的企业家学习，在实践中提升和练就自己发现问题、解决问题的创业能力，然后再去创业，无疑可以大大提高创业的成功率和成就感。

三、创业能力对个人职业生涯发展的作用

创业的内涵不仅仅是开办一家企业，因此，不论是就业还是创业，都需要自身具有创业能力。

（一）创业能力的体现之一就是具有执行力

无论拥有怎样的梦想，只有行动才能拉近现实和目标的距离。再好的计划，如果没有行动来执行，也将是一纸空谈，正如周恩来说的那样："坐着谈，何如起来行。"

（二）创业能力的体现之二是具有决策力

职业生涯发展的过程中经常会面临各种选择，需要做出正确的决策。结合主客观条件来确定职业的方向、目标、战略以及实施，都需要决策力。

任何一个职场上的成功人士，在成功之前都是普通人，与常人不同的是，他们拥有创业能力。创业能力是可以在实践中提升和培养的，而提升创业能力的途径就是学习和实践。

四、大学生职业生涯规划现状

通过对大四学生进行的职业准备情况的调查研究以及对刚工作不久的毕业生进行的回访调查，发现学生在职业准备方面呈现出以下几个明显倾向：

第一，在职业能力的自我评估上，许多大学生存在高估或低估的倾向，呈现出明显偏差。

第二，在职业信息的了解上，大学生们过于关注职业是否符合自身需要，却忽略了职业要求与自身素质的匹配程度。

第三，在职业准备的投入上，大多数学生比较被动。

第四，在创业前普遍没有接受创业培训或实践训练。

五、创业成功是可以预先规划的

创业也是职业生涯中的一种选择。因此，创业者在创业前必须设立一个创业规划，最好是一个具体的计划或时间表，把每个阶段的大目标分解成为几个小目

标，一个一个地去实现，循序渐进地迈向成功。

为什么同样是一个时代的人，创业的结果却又那么不同呢？有没有一些方法和规则，可以让后来者也步入成功的殿堂呢？这个答案是肯定的。因为人生需要理想和目标，创业也需要提前规划，古人常说的"立志要早"，用今天的语言来诠释，就是职业生涯规划。也就是说，在 20 岁时就要明确自己到 30 岁时要成为一位企业家，并且在 10 年间矢志不渝， 这样就会因为目标明确而成为创业的成功者，如图 3-1 所示。

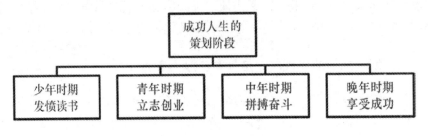

图 3-1　成功人生的策划阶段

六、创业需要目标明确、坚定

俗话说："条条大路通罗马。"成功的路有千万条，总是踩着别人的脚印前进，不敢越雷池一步的人，一生大多是碌碌无为的。创业的魅力就在于没有固定的模式，只有敢走别人从未走过的路，才能独辟蹊径，走出自己的创业之路。要善于总结成功企业家的经验，善于观察和发现新的机遇、新的商机，用创新的思维来设计自己的创业思路，站在成功创业者的经验之上，确立自己的目标。

高尔基说："一个人追求的目标越高，他的才能就发挥得越快，对社会就越有益。"是金子总会发光的，是人才无论放在哪里，最终都会脱颖而出。

（一）创业者都是野心家

就像拿破仑说的："不想当将军的士兵，不是好士兵。"一个根本没想过要出类拔萃的人，最后注定就是一个平庸的人。具有强烈的成才欲望、一心致富的愿望、怀着美好的梦想、坚信"天生我材必有用"的创业者，才可以获得创业的成功。

（二）创业要趁早，年轻就是最大的资本

综观历史和现代社会，年轻的成功者和富翁数不胜数。每个人都在追求着自身的进步和成长，只有在年轻时就确立自己的创业目标，选定自己的发展方向，成功创业才有了前提。

（三）自古英雄出少年

人，最大的财富是青春。人在年轻时开始创业，也许成功率最高。"年轻人如果犯了错误，连上帝都会原谅"，即使做错了，还有改过的机会；即使失败了，也还有东山再起的时间。"自古英雄出少年"，年轻时的勇气、胆识和魄力，也是其他年龄段不可比拟的。

（四）少而好学，如日出之阳

"六月里开的花，不是四月里撒的种吗？"一个人如果在青年时代就播下创业的种子，在中年时就会收获成功，在晚年时就能享受成功的果实。从来就没有什么救世主，就像浮士德说的，"凡是自强不息者，终能得救"，每个人的命运都始终掌握在自己的手里。

【拓展阅读】

一本海归创业日记引发诸多思考

上周末，在书店遇到海归小苗的时候，他正捧着一本名为《海归 GEEK 的创业日记——创业是条不归路》看得如痴如醉。这并不是小苗读的第一本创业类书籍，但却让他第一次觉得眼前一亮。"这是一本海归创业者的创业日记，传授技巧之余更注重对当前创业的反思。"小苗用手指摩挲着书名中的"不归路"三个字，"我觉得他对于创业意义的反思很深刻，值得所有人思考。"

一、理想或者赚钱——创业意义不尽相同

台湾《远见杂志》2013 年公布的创业调查数据显示，超六成的台湾地区受访者表示"想赚更多钱"是最主要的创业动因，接下来依次为"自己当老板""追求成就感""找不到工作""有新技术或商机""追求梦想"。

社会化问答网站《知乎》上关于"为什么要创业"的问答中，有356位网友赞同"创业，就是一个更为积极、更为明确的工作态度"；314位赞同"为了不想在回忆过去时一片空白，为了不想因为放弃而后悔，为了不想虚度光阴"；201位赞同"为了帮助别人，帮助社会，甚至改变世界"。也有网友表示"因为不想被老板管制，所以选择自己做老板。喜欢名片上印着'总经理'的感觉""想要灵活而自由的时间""只有两个字，赚钱。别的都戒了"。

创业者的动因选择并无高下好坏之分，关键在于这个动因是否能够帮助创业者走得更远。

二、"追求意义的创业者失败概率接近于零"

创业中会遇到无数变量，这是创业者在创业的第一天就会遇到的。几乎没有什么能够完全按照之前规划的轨迹发展，如果没有坚定的信念和执着，创业者也终会和企业一起被现实的洪流所吞没。

"（创业者）应当在每天起床后执着于一个理念，并且想让它成为现实，而不是仅仅到处游荡，像在酒吧与人聊天。"Instagram（一款图片分享应用程序）的创始人之一迈克·克里格在斯坦福大学做公开课时说道，"认为创业只是因为不想有一个老板，这不是个足够好的创业理由。"

《海归GEEK的创业日记——创业是条不归路》的作者范真是一位留美硕士，他这样描述自己的履历："待过微软，混过硅谷，做过天使投资人，现在是一名普通的创业者。"范真在记录创业的重重困难时，不断地对企业和社会进行反思。

书中有这样一段话曾让无数读者为之感动："……创业者缺乏很多东西，其中最最重要的一种东西就是对意义的追求。有了这个，你就有了为这个社会创造价值的机会；在追求意义、实现意义的过程中，你就能不断学习，超越自己。只要活下去，你就每天都离这个意义更近一步。这样的创业者，失败的概率接近于零。"

三、社会环境影响创业精神

创业是在创新中进行资源的优化整合。创业者思考创业的意义，不仅体现了创业者的个人价值追求，还反映出社会大环境对创业个体的影响和期望。

社会中的文化气氛和价值导向会影响创业者的创业精神、创业方向直至创业结果。

"设立新兴产业创业创新平台""大力发展节能环保、新材料、生物医药、先进制造等产业"和"以创新引领创业,以创业带动就业"等是持续多年的国家政策。"坚持以人为本""支持慈善事业""提倡文化传承"等,在近年来的国家政策和媒体报道中被不断强化。

2007年唯一入选"绿色中国"年度人物的留美海归企业家施正荣抓住"太阳能光伏"这个绿色新能源契机,只用了两年便完成了从小人物到富豪的转变。施正荣认为,"环保就是最大的慈善"。

医疗巨头蒲忠杰在留美期间研习生物材料和对医疗器械进行研制,他的创业格言是:"一切产品的开发首先是更好地为人服务,以人为本,尊重人格。"

UnitedStack创始人程辉在网上写道:"心里有一颗自由的种子,在特定的环境下生根发芽了,为了让这颗种子生长,我做了我应该做的事情——给予更自由的环境、更干净的空气和水。"

资料来源:一本海归创业日记引发诸多思考:为什么创业? [EB/OL]. 人民日报海外版,http://edu.people.com.cn/n/2014/0320/c1006-24684453.html,2014-03-20.

📖【能力训练】

1. 如何理解创业精神与社会发展之间的关系?

2. 运用头脑风暴法分析总结创业精神对于职业生涯发展有哪些促进作用。

3. 案例分析

海岛买鞋

曾经有一家美国的制鞋公司寻找国外市场,公司总裁派了一名推销员到非洲某个海岛上的国家,让他了解一下能否向该国卖鞋。这个推销员到非洲后给总部发回一封电报说:"这里的人都习惯赤脚,不穿鞋,这里没有市场。"随即这名推销员就离开了那里。

总裁随后又派去另一名推销员。第二个推销员到非洲后也给总部发回一封电报,电报中说:"在这里的发现让我异常兴奋,因为这里的人都是赤脚,还没有一人穿鞋,这里市场巨大。"于是他开始在岛上卖鞋……

该公司觉得事情有些蹊跷，于是总裁派出了第三个业务员。他到非洲待了三个星期，发回一封电报："这里的人不穿鞋，但有脚疾，需要鞋。不过不需要我们生产的鞋，因为我们的鞋太窄，我们必须生产宽一些的鞋。这里的部落首领不让我们做买卖……我们只有向他的金库进一些贡，才能获准在这里经营。我们需要投入大约 1.5 万美元，他才能开放市场……因此，我建议公司应开辟这个小岛市场。"该公司董事会采纳了这位业务员的建议，并通过适宜的营销组合，最终成功地开拓了这个小岛的市场。

（1）以上小岛卖鞋的故事说明了什么？

（2）要想发现常人所不能看到的商机，应具备什么素质？

第四章 提升创业能力

小故事大道理

意 识

爱因斯坦的二儿子爱德华问爱因斯坦："爸爸，你究竟怎样成为了著名人物呢？"

爱因斯坦听后，先是哈哈大笑，然后意味深长地说："你瞧，甲壳虫在一个球面上爬行，可它意识不到它所走的路是弯的，而我却能意识到。"

启示：宏观把握的意识和能力是一个学者有所建树的关键。创业也是如此，商业上更是需要长远的战略布局和宏观把握。

【学习目标】

◇ 了解创业者的特质

◇ 熟练掌握创业者必备的工具

◇ 了解商业模式及其构建方法

【章首案例】

《福布斯》创业榜上的"85后"创业者

教室里，学生们都在安静地听老师讲课。突然，他设置成振动的手机响了起来，他赶忙悄悄俯下身接听："韵达快递，校门口取件。"他嘘声说："上课呢，取不了。""那就明天吧。"那头挂断了电话。他抬起头，面对聚拢过来的目光，十分尴尬。

实验室里，他正在编程，手机响了，摸过来一听："圆通快递，校门口取件。"他迟疑了一下，还是去了，因为这个件实在急用。可等他从校门口跑回来，思路却被打乱了，不得不重新再来，这让他很是懊恼。

在大学里就是这样，网购容易取件难，快递送货时间不固定，每次快递车来了，都是集中在一个地方，要取快递的都得自己跑去领，如果没及时领，就得等第二天了。他虽然常让同学代领，可这依旧是个烦心事，因为他要领的件太多了，平均每个月都在100件左右。原来，这是他的团队研发新技术用的电子配件，为了节约时间、节省成本，才从网上订购的。虽然还是一名在校大学生，可这个"85后"的西安小伙，已经在福建省高新技术创业园开办了两家软件公司。

他从小就对科技比较痴迷，最喜欢看《十万个为什么》和爱迪生等发明家的故事。中学时，他经常看一些商业英雄的传记，马云、马克·扎克伯格成了他的精神导师，从那时起他就暗下决心："以后我也要过这种创业的生活，让自己过得更加精彩。"

大学期间，他发明的"蓝牙防盗器"等五项新技术成功申请了国家专利，多次在福建省和全国各类创业、软件大赛中获奖。正是大赛评委对其市场潜力的肯定，坚定了他创业的念头，使他更加沉浸于创新之中，没料到收件这样一个简单的事情，却成了每天困扰他的难题。

后来，他发现为收快递而发愁的不止他一人，其他人也都感到非常不方便。放暑假回到家，他发现收件同样是问题，由于他所在的小区物业不负责代领快件，他必须一接到快递员电话马上下楼，赶到小区门口取件。有时候碰巧人不在家，那就只能等到第二天。不过，烦恼也给了他灵感，让他嗅到了商机。他想，能不能设计一种产品为大家取件营造便利。他马上联想到超市的储物柜，将它接入网络，问题或许能得到缓解，他的想法得到了团队的一致认可。2012 年 9 月，他和几位同学共同出资创办了一家公司，开发物联网的智能快递终端，以解决快递派送的"最后一公里"难题。

想起来简单，做成功却并非易事。为了搜集必要的数据，他带领团队到快递公司当快递员，细心观察和记录着所在区域每天的快递收派件量、滞留量、不同体积快件的比例等情报，同时还要到社区、企事业单位调查市场需求。白天奔忙，晚上还要和团队掀起头脑风暴，苦思冥想设计技术方案。功夫不负有心人，经过历时六个月的研发，一套"智能便民寄存缴费系统"诞生了。这一智能快递终端是一种联网的储物柜，快递员将快件送达指定地点后，只需将其存入储物柜，系统便自动为用户发送一条短信，包括取件地址和密码，用户在方便的时间到达该终端前输入密码即可取出快件。

2012 年 11 月底，他为这项专利技术申请了国家专利。2013 年 3 月，他的第一个智能快递终端试点落户在福建省交通运输厅，之后便得到了不少社区、企事业单位和快递公司的广泛认同。目前，他们已签订了几百万元的订货合同，每天来自全国的电话咨询达二三十个。对于未来的发展，他乐观估计，如果项目运转顺利，三年后，智能快递终端将能为公司带来 20 亿元左右的年收入。

虽然这还只是一个前景诱人的蓝图，但他却已经被列入了《福布斯》中文版 2013 年"中国 30 位 30 岁以下创业者"名单，理由是这些已经表现出技术、产品和商业模式创新能力的青年，已经具备很强的创业能力和颠覆潜力。他就是25 岁的应向阳，福建师范大学教育学院教育技术专业 2009 级学生，福州友宝电子科技有限公司创始人兼 CEO。

资料来源：福州友宝创始人应向阳《福布斯》创业榜上的"85 后"创业者 [EB/OL]. 励志网，http://www.201980.com/lzgushi/chuangye/7885.html，2015-02-13.

【理论知识】

创业是一项具有挑战性的社会活动，是对创业者综合能力的一种全方位考验。创业能力是实施创业和决定创业能否成功的关键。在当今经济飞速发展，社会日新月异的时代，一个人能否适应时代的发展，并在激烈的竞争中占据优势成功创业，主要取决于他所拥有并运用的各种能力。

第一节　创业者特质

美国哈佛大学教授戴维·麦克利兰（David McClelland）于 1973 年提出了一个著名的素质冰山模型（胜任力模型，如图 4-1 所示）。

技　能
知　识
社会角色
自我形象
个性特点
动　机

图 4-1　素质冰山模型

所谓"冰山模型"，就是将人员个体素质的不同表现形式划分为表面的"冰山以上部分"和深藏的"冰山以下部分"。其中，"冰山以上部分"包括基本知识、基本技能，是外在表现，是容易了解与测量的部分，相对而言也比较容易通过培训来改变和发展。"冰山以下部分"包括社会角色、自我形象、特质和动机，是人内在的、难以测量的部分。它们不太容易通过外界的影响而得到改变，但对人员的行为与表现起着关键性作用。本书以素质模型为理论基础，总结出创业者应具备的特质、知识和能力。

有关创业者素质的界定不尽相同，在各种创业案例中我们也能够发现，创业者的素质、外部环境与机遇等都不是完全相同的，对这方面的研究尚未形成普遍共识。北京大学管理学博士、中南大学创业与企业成长研究中心主任吴运迪在他编著的《大学生创业指导》一书中概括性地构建了一个创业者金字塔素质模型，具体包括"三类知识＋四项技能＋五大特质"，如图4-2所示。

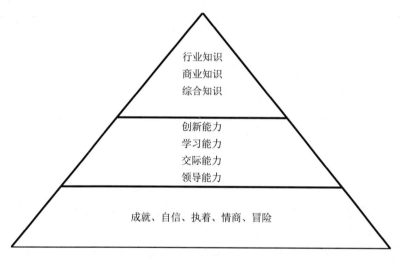

图4-2　创业者的金字塔素质模型

知识是由一系列能够在适当的时候回忆起来的信息储备组成的，可以通过直接学习获得，位于金字塔的最上面；技能是能够应用知识的能力，需要较长时间的训练才能掌握，位于金字塔的中间；特质则是一些人特有的品质和特征组成的集合特质，是长期生活积累下来的习惯和思维，处于金字塔的最基础位置。个人特质是学习知识和掌握技能的基础，对创业者的长期成功有重大影响。

一、三类知识

大学生创业者必须具备行业知识、商业知识和综合知识这三类知识，行业知识是选择创业机会的基础，掌握商业知识能够了解企业的经营管理之道，综合知识则是建立良好社会关系的基础。

（一）行业知识

大学生创业者必须对所要进入的行业有相当深入的了解，这是寻找和把握创业机会的关键。在准备创业的时候，有必要全面了解行业的发展历程、现状、前沿趋势与竞争格局，透彻理解市场需求的情况，尤其要从顾客角度来了解行业知识，进而了解行业内的成功案例，熟悉相关的产品服务以及技术知识。创业者可以通过四种方式来学习行业知识：一是阅读行业内有影响力的著作和杂志；二是向行业内知名的专家和企业家学习，阅读他们的博客和发表的文章；三是到行业知名网站上了解最新资讯，借鉴别人的成功经验，虚心向前辈请教；四是结交行业内人士，通过行业活动或俱乐部等方式接触业内人士，向内行学习经验和探讨疑难问题。互联网上有着非常丰富的相关资讯，大学生对网络的熟练运用，为他们研究和学习行业知识提供了良好的基础。

（二）商业知识

创业团队有必要掌握市场营销、财务管理、法律、决策、谈判与商务礼仪等涉及商务方面的基本知识，这是经营管理中需要掌握的技能。大学生创业者学习商业知识的方法主要是从书本中学习，其次是从实践中学习和向成功企业家学习。一些人（尤其是技术型的创业者）轻视商业知识的用处，一些过于强调实践的人则错误地认为书本理论不实用，认为实践才是最好的学习方式。事实上，间接经验远比直接经验重要，关键是要学到货真价实的知识和理论，最优秀的创业者和管理者正是那些善于学习理论的人，他们从科学的理论中得到指导自己创业的方法和工具。有一些很出色的商业刊物，推荐给创业者：《哈佛商业评论》是全球商业领域顶尖的思想宝库，《商学院》《中国企业家》《世界经理人》《创业家》《销售与市场》等特色杂志也值得阅读。

（三）综合知识

毋庸置疑，国内应试教育的制度环境和文化在客观上造成大学生的知识面受到很大局限，以致很多大学生在走上职业生涯之后相当长一段时间内难以与社会里的人进行顺畅沟通,因为大学生对生活中的沟通话题了解得太少或者过于僵化,而这些话题知识是学校里不曾教的,需要大学生自己敏锐地发现、感悟和学习。

二、四项技能

大学生创业者需要具备创新能力、学习能力、交际能力和领导能力这四项基本技能。

(一)创新能力

创新是创业者发掘机会、将机会转化成市场概念的过程,创新能力是创业者必备的素质能力。创业者需要不断训练自己的创新思维,越早开始越好。日本管理大师大前研一还在麦肯锡咨询公司工作的时候,就用每天上班坐电车的时间来思考电车上的十几条广告,思考有什么更好的广告语,要是自己来做这个广告会怎么做等,这样训练出他卓越的创新思维能力和思考的习惯。

(二)学习能力

人类社会进入了知识经济时代,人们创造的知识总量也越来越多,知识与技术的更新越来越快,正如摩尔定律所预示的,新技术、新产品的生命周期越来越短。因此,需要快速地学习、不断地学习,才能跟上知识潮流的步伐并力争引领潮头。创业的道路上充满了未知,没有完全的经验可以照搬,创业者只有在书本与实践中不断地学习、思考,才能成长起来。虽然大学生在学校学习了十多年,但不代表真正具备了学习的能力,因为创业者需要的学习能力,比一般的学习更具有"功利性",其重在掌握知识的逻辑演绎,并且能够灵活重组或创造性地运用所学内容于实际中遇到的问题。大学生在提升学习能力上可以采用三个方法:一是细写读书笔记,将学到的知识形成自己的思考;二是将书中内容用自己的语言讲给别人听(通过博客、杂志包括企业内刊或行业刊物等发表),有助于升华思想和深度思考能力;三是将书中的方法和技巧用于实践,每天有意识地训练自己采用所学到的方法,并在实践中检验它们,甚至开发出新的更好的方法,达到超越书本的境界,真正学以致用。

(三)交际能力

人际交往能力是创业者不可或缺的能力之一。一种流行的说法:一个人能否成功,不在于你知道什么,而在于你认识谁。斯坦福研究中心一份调查报告的结论更能证明人际交往对成功的重要性：一个人赚的钱，12.5% 依赖其掌握的知识，87.5% 依赖其人际关系网。人际交往能力强的人，可以在关系网络中穿梭自如，解决别人难以解决的问题，大大提高工作效率，也能与周围的伙伴愉快地合作，从而产生强大的凝聚力。创业者需要深刻理解商业社会人际关系的核心原则是互利双赢的，人际关系稳固的根基则是信誉，这是人际关系可持续发展的基本保障。大学生创业者需要从进入大学校园开始就有意识提升自己的人际交往能力，除了多参加社团与社会实践活动以外，还有一些操练的方法，例如，每周结交一个陌生人，并且有意识地不断提高结交的质量，逐步拓展人脉关系。

（四）领导能力

创业者需要具备和谐的领导力。领导能力可以理解为一系列行为的组合，这些行为将会激励人们追随领导者去要去的地方，而不是简单地服从。在所有组织、各个层次中我们都可以看到领导力，这是事业有序经营的核心。创业团队一定要有一个灵魂人物，他（她）可以指引方向、凝聚人心和协调团队成员。创业型企业初期的管理通常是不规范的，需要创业团队不计较个人得失的付出，这就需要领袖人物来引领和激励大家共同前行，众志成城克服创业过程中的种种困难。大学生创业者需要在学校和工作中有意识地训练自己的领导能力，逐渐建立自己的影响力，也就是建立别人对自己的依赖，让别人愿意追随自己，为构建创业团队打基础。

大学生首先要成为一名杰出的追随者，然后向领导者学习领导之道，最后自己在模仿中学习成为优秀的领导者。美国社会心理学家罗伯特•西奥迪尼在《影响力》中提出了建立影响力的六大核心原理：互惠、承诺、社会认同、喜好、权威和短缺。例如，史玉柱对人义气，虽然因为巨人大厦等原因使公司元气大伤，但是作为老板的史玉柱待人忠厚，关键人才、核心员工始终跟着他，愿意跟着他，愿意跟他一起创造和等待下一个辉煌，于是他们卧薪尝胆、同甘共苦，终于创造出了重新崛起的奇迹。

三、五大特质

零点集团董事长袁岳认为，创业者最重要的资本是心理资本，敢于冒险，不安分，有坚持性，沉得住。2002 年 11 月的一期《哈佛商业评论》在《你能成为创业者吗》一文中，提炼出了测试人们是否具有创业潜质的"pH 试纸"。该文通过五个问题来了解创业者的特质：你是否能灵活地运用规则；你能否和强大的竞争对手竞争；你是否有耐心从小事做起；你是否愿意迅速调整战略；你是否善于达成交易。创业者需要具备成就动机、自信、执着、高情商、冒险精神这五大特质，这些特质是多年生活中沉淀下来的，对创业行为有着深远影响。

（一）成就动机

所谓成就动机，是个体追求自认为重要、有价值的工作，并使之达到完美状态的动机，即一种以高标准要求自己力求成功取得目标的内在动力。创业者是不甘于平庸的一个群体，他们具备很高的成就动机，并且勇于接受挑战和考验，希望创造出一番事业。美国哈佛大学教授戴维·麦克利兰提出的成就动机理论认为高成就需求者有三个特点：喜欢设立具有适度挑战性的目标，不喜欢凭运气获得的成功，不喜欢接受那些在他们看来特别容易或特别困难的工作任务；在选择目标时会回避过分的难度；喜欢能给予反馈的任务。大学生创业者可以在学习和工作过程中逐渐建立和激发自己的成就动机，选择有挑战但不是太难、同时能获得积极反馈的任务来做（如 SIFE、挑战杯之类的活动）。

（二）自信

产生自信心是指不断地超越自己，产生一种来源于内心深处的最强大力量的过程。成就事业就要有自信，有了自信才能产生勇气和毅力，困难才有可能被战胜，目标才有可能达到。但是自信绝非自负，更非痴妄，自信唯有建筑在诚实和自强不息的基础之上才有意义。大学生创业者需要建立既对自己的信心，也对创业成功的信心，这两种信心需要在不断完成任务的过程中强化。心理学有很多方法和技巧可以让人更加自信，但归根结底自信是源自实力，而不是简单的成功学激励，只有自己的知识和能力达到了一定水平才是真实的自信，因此需要在不断取得进步的过程中一点点去构建。

（三）执着

正如比尔·盖茨所说，巨大的成功靠的不是力量而是韧性，社会竞争常常是持久力的竞争，创业的成功是大浪淘沙的结果，"胜者为王"，唯有恒心和毅力的成功者才会笑到最后。"创业的过程，漫长而艰苦，充满了风险和各种各样的地雷，所以你要蹚过去，靠的不是对财富的渴望，靠的是对自己心中梦想的执着。"新东方教育科技集团董事徐小平如是说。曾国藩"屡败屡战"的故事说明了执着的品质对于成功的意义。屡败屡战说的是一个过程，成败还没有定论，这就是一种执着的精神。执着的品质是当代大学生群体比较缺乏的，20 世纪 80 年代以后相对安逸的家庭环境以及一直在校园环境中学习，年青一代很少经历挫折和大风大浪。为此，有志于创业的大学生要有意识培养自己执着的品质，可以从任何小事做起，坚持做较长的一段时间，例如，坚持每天写一篇日记，每天读 50 页书，每天锻炼 30 分钟等任务，既达成了计划的目标又培养了自己执着的精神。

（四）情商

"情商之父"丹尼尔·戈尔曼认为一个人的成功，智商的作用只占 20%，其余 80% 是情商的因素。情商包括五个方面：了解自我、自我管理、自我激励、认识他人情绪、人际关系能力。情商和领导力有比较大的关联，提高情商有助于提高领导水平。大学生创业者可以从五个方面来提高自己的情商：了解自我，知道自己是个什么样的人，最好请别人给自己客观的反馈；控制情绪，遇到任何事情先冷静思考，深呼吸或数数来避免情绪爆发，明白情绪化无助于解决问题；换位思考，改变以自我为中心的思维，从对方的角度来思考和理解别人的想法；保持积极上进的心态，克服悲观情绪的困扰；学习和掌握沟通技巧，训练表达能力。

（五）冒险

只要从事创业活动，就必然会有某种风险伴随，且事业的范围和规模越大，取得的成就越大，伴随的风险也越大，需要承受风险的心理负担也就越大。创业家都是冒险家，他们对选定的事业和瞄准的目标敢作敢为，冒着承受失败的风险起步，对事业总是表现出一种积极的心理状态，不断地寻找新的起点并及时付诸行动，表现出自信、果断、大胆以及面对未知世界的坦然、对挫折失败的宽容。敢作敢为不是盲目冲动、任意妄为，不是凭感觉冒进，而是建立在对主客观条件科学分析的基础上。创业者要具备评估风险程度的能力，具有驾驭风险的有效方法和策略。"赌徒式"的冒险家虽然有可能侥幸成功，但一般情况下并不可取，成功的创业者总是事先对成功的可能性和失败的风险进行分析规划，选择那些成功可能性更大的目标和路径。

　　此外，创业者需要有良好的身体素质来做基础，"革命的本钱"要在年轻的时候就存好，待到创业过程中才能发挥最大的作用。零点集团的董事长袁岳认为，创业并不是有智慧就可以了，创业在本质上是拼身体、拼心理、拼耐力与拼人脉。袁岳认为，大学生创业的首要条件就是创业的大学生身体要超级好，能做到天天出早操，再去创业。创业和早上出操有什么关系呢？袁岳是这样回答的："如果你因为老师没有要求你天天出早操，你就没有这样做，那么创业也不是老师要求的。连天天坚持出操都做不到的人，要干每天都出摊的创业更是纸上谈兵。"此外，创业是一件非常辛苦的事情，"没有好身体，不仅自己会死得很快，连创立的企业也会死得很快"。一般创业者都要经受超过常人的工作负荷和心理负担，如履薄冰地经营企业，身体素质的好坏就决定了所创的事业能够走多远。我们经常会听到一些企业家年纪不大就突然去世了，也时常会听到一些高科技行业的精英英年早逝，这都是沉重的代价。大学生创业者在读书期间是锻炼身体的最好时期，有时间，也有良好的设施环境。每个创业者都可以培养自己某项或几项运动的兴趣爱好，还能在锻炼过程中拓展人脉、学会团队合作和提升领导力。国内知名的企业家中有不少重视体育锻炼的，例如，柳传志坚持长跑；几经商海沉浮的史玉柱在浙江大学读书时就经常环绕西湖跑步，大学里锻炼出来的身体和心理素质支撑了他人生的起伏；台湾"经营之神"王永庆也非常热衷于跑步，甚至在80多岁高龄还坚持跑步锻炼。

图 4-3　成功创业者三大要素

　　对于一个创业者而言，知识、技能和特质缺一不可（如图 4-3 所示）。如果一个想要创办企业的人，只有知识和技能，那么企业就不太可能生存太长的时间。例如，如果没有特质，当面对主要障碍时，他（或她）可能只会在短时间内坚持，或者他（或她）不能发现和利用机会，或者他（或她）可能不愿意去预测商业中的风险。一个只有知识和个人特质的人，将会发现没有技能，知识和特质就没有应用价值了，过分依赖知识和特质，企业就会出现很多问题。解决的办法就是找一个具有必备技能的合作者或员工。一个只有技能和特质的创业者，在创办企业时，身处竞争的环境中，如果缺乏或不熟悉相关知识，例如，关于消费者或市场方面的知识，最终将导致失败，因为企业成功的基础就是知识。

此外，创业者必须要学会从整体构架、经营模式与行动策略上对自己的创业活动进行有效的规划，为此必须掌握最重要的基本工具与方法，至少包括创业要素模型、商业模式与商业计划书等内容。

第二节　分析创业的基本模型：蒂蒙斯模型

蒂蒙斯（Timmons）模型（如图 4-4 所示）是理解创业要素的基本工具。该模型以其创始人杰夫里·蒂蒙斯（Jeff A.Timmons）的名字命名，蒂蒙斯是美国最早从事创业学教育的教育家，早期一直是该领域最有权威的人士，曾任美国国家创业委员会的特别顾问。他所强调的机会、资源与团队三要素，在概念上与中国传统的"天时、地利、人和"三要素一一对应。

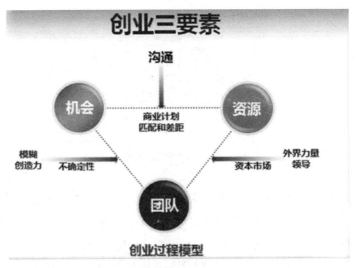

图 4-4　蒂蒙斯创业模型

蒂蒙斯模型的核心思想在于创业过程是一个高度动态的过程，其中机会、资源和创业团队这三个因素是创业过程中最重要的驱动因素，并且它们之间的平衡是动态的、循环的，三者之间需要时刻保持速度、方向、高度的动态匹配与平衡。创业过程中商机的形式、大小、深度决定了资源与团队所需的形式、大小、深度，它们的存在和成长决定了创业过程向什么方向发展。

由于外界环境的不确定性、机会模糊性、创业活动的动态性、风险性等因素对创业活动的冲击，原有的机会、资源和创业团队三者的平衡被破坏，产生失衡现象。有可能会产生两个极端的情况：①机会很好，但资金很有限。②资金很充足，但没有很好的机会。创业者通过创业团队来调整机会和资源，努力实现这三个方面的再次平衡。由此可见，蒂蒙斯模型中的创业过程是"平衡—失衡—平衡"的动态过程，创业团队是保持三者平衡的关键决策因素。

一、机会

蒂蒙斯强调了商业机会在创业过程中的重要作用，认为商机是创业成功的首要因素，特别是在企业创立之初，新企业得以成功创建的起始点是商机，而不是资金、战略、关系网络、工作团队或商业计划。大多数情况下，真正的商机要比团队的智慧、才能或可获取的资源重要得多。创业带头人和工作团队所扮演的角色是将这些关键因素整合到一个变化的环境中。因此，创业者应当投入大量的时间和精力寻找最佳的商机。

商机的最重要特征，是设想中的产品或服务具备潜在的市场需求，而有市场需求是因为产品和服务有增值特征，能够为目标客户创造显著的价值，并且其市场规模足够大，目标市场具备有吸引力的成长潜力（例如，预期的增长率可达到20%以上），产品的价格空间足以在相当一段时间内创造高额利润（通常新产品在刚上市的头一年或更长时间内，毛利润必须高于40%)以及良好的现金流等特点。

商机的评价标准可以这样：成长率越高，规模越大，持续时间越长，毛利润、净利润和自由现金流越大，创业者的商机就越大；市场越不完善，商机也就越多；信息和知识的真空和不足越多，商机就越多，当然，在这样的环境中创业的风险也越大。

二、资源

资源的多寡是相对的，蒂蒙斯认为成功的创业者更着眼于最小化使用资源并控制资源，而不是贪图完全拥有资源。"为了使企业成功，首先必须要让所有的资源都到位，尤其是资金必须到位"的想法是很多未经历风雨的创业者普遍会有的一个错误概念，其错误的地方在于：把钱放在创业的第一位就是很大的错误。当一个强有力的管理团队构思出一个有高发展潜力的商机，并推动商机实现时，资金自然而然就跟着来了。多年来，投资者一直都在哀叹：有大量资金，却只有很少的值得投资的项目。换句话说，现在短缺的是高素质的创业者和商机，而不是钱。因此，为了合理利用和控制资源，创业者要竭力设计创意精巧、用资谨慎的战略。若是过早地拥有了太多资金，反而会成为阻碍创新的因素。

许多创业者早期所能获取与利用的资源都相当匮乏，而优秀的创业者在创业过程中所体现出的卓越创业技能之一，就是创造性地整合和运用资源，尤其是那种能够创造优势，并带来持续竞争优势的战略资源。尽管与已存在的进入成熟期的大企业相比，创业型企业资源比较匮乏，但实际上创业者所拥有的创业精神、独特创意以及社会关系等资源，却同样具有战略性。对创业者而言，一方面要借助自身的创造性，用有限的资源创造尽可能大的价值；另一方面要设法获取和整合各类战略资源。

三、团队

创业团队是创业企业成功的关键因素。优秀的团队总是由一位有领导力的创业带头人建立和领导。创业带头人是团队的核心，他既是队员，也是教练员，是团队的领跑者和企业文化的创造者，吸引其他关键管理成员，然后建立起团队。

事实上，在选择投资项目时，风险投资家往往更看重企业创业团队的卓越才能。风险投资者愿意给拥有优秀业绩记录、万众一心的管理团队下赌注。美国著名风险投资家约翰·多尔重申了乔治·多瑞阿特将军的格言："与拥有 B 等管理团队和 A 等思路的企业相比，我更喜欢拥有 A 等管理者和团队却只有 B 等思路的企业。在当今世界，有的是技术、创业者、资金和风险资本，真正缺少的是优秀的管理团队。你所面临的最大挑战就是建立一支杰出的团队。"阿里巴巴的马云也声称："孙正义跟我有同一个观点，一个方案是'一流的 idea 加三流的实施'，另外一个方案是'一流的实施，三流的 idea'，哪个好？我们俩同时选择'一流的实施，三流的 idea'。"

美国研究创业的成果显示，拥有 20 个以上员工，销售额达到 200 万～300

万美元的企业比小企业更容易存活、成功。在绝大多数案例中，一个企业如果没有一支由两个以上关键贡献者组成的团队，是很难成长的。

综上所述，如何将上述三个核心要素有机地组合在一起，蒂蒙斯模型强调了适合和平衡的概念。在创业过程中，创业领导者及创业团队的任务就是反复探求更大的商机和资源的合理运用，使整个三脚架保持平衡，其中创业领导者的作用至关重要。

第三节 分析创业的基本工具：SWOT 分析工具

SWOT 分析法（也称 TOWS 分析法、道斯矩阵）即态势分析法，20 世纪 80 年代初由美国旧金山大学的管理学教授韦里克 (H.Weihric) 提出，经常被用于企业战略制定、竞争对手分析等场合。

SWOT 分析法分析企业内部优势（Strength）、内部劣势（Weakness）、外部机会（Opportunity）和外部威胁（Threats）。

一、SWOT 分析的本质

SWOT 分析法将对企业内外部条件各方面内容进行综合和概括，进而分析组织的优劣势、面临的机会和威胁的一种方法。其目的是帮助创业者把资源和行动聚焦在自己的强项和有最多机会的地方，并让企业的战略变得更加明朗。

图 4-5 SWOT 模型之内外因素

SW 优劣势分析主要是着眼于企业自身的实力及其与竞争对手的比较；OT 机会和威胁分析聚焦外部环境的变化及对企业的可能影响（如图 4-5 所示）。

二、SWOT 分析的内容

（一）机会与威胁分析

随着经济、社会、科技等诸多方面的迅速发展，特别是世界经济全球化、一体化过程的加快，全球信息网络的建立和消费需求的多样化，使企业所处的环境更为开放和动荡。这种变化几乎对所有企业都产生了深刻的影响。正因如此，环境分析成为一种日益重要的企业职能。

环境发展趋势分为两大类：

环境威胁指的是环境中不利的发展趋势所形成的挑战，如果不采取果断的战略行为，这种不利趋势将导致公司的竞争地位受到削弱。

环境机会即对公司行为富有吸引力的领域，在这一领域，该公司将拥有竞争优势。

通常我们使用 PEST 分析方法和波特五力模型完成环境分析。

（二）优势与劣势分析

识别环境中有吸引力的机会是一回事，拥有在机会中成功所必需的竞争能力是另一回事。因此，每个企业都要定期检查自己的优势与劣势，检查企业的产品、营销、财务、创业团队和运营等方方面面。具体需要注意以下几点：

第一，每一要素都要按照特强、稍强、中等、稍弱或特弱划分等级（通过与竞争对手的比较）。

第二，必须对公司的优势与劣势有客观的认识。

第三，必须区分公司的现状与前景。

第四，必须考虑全面。

三、 SWOT 分析的步骤

第一，分析外部环境，列出外部环境中的机会和威胁。

第二，分析内部条件，列出企业目前的优势和劣势。

第三，绘制 SWOT 矩阵（外部环境和内部条件各为一方的二维矩阵，有四种 SWOT 组合，如表 4-1 所示）。

第四，进行组合分析。

表 4-1   SWOT 的四种组合

项目	优势（S）	劣势（W）
机会（O）	（SO）战略 是一种发挥企业内部优势而利用企业外部机会的战略 所有的企业都希望处于这样一种状况：可以利用自己的内部优势去抓住和利用外部环境变化中所提供的机会	（WO）战略 是一种通过利用外部机会来弥补内部弱点的战略 适用于这一战略的基本情况是： 企业存在一些外部机会，但企业内部有一些弱点妨碍着它利用这些外部机会
威胁（T）	（ST）战略 是利用本企业的优势回避或减轻外部威胁的影响战略	（WT）战略 是一种旨在减少内部弱点、回避外部环境威胁的防御性战略 一个面对大量外部威胁和具有众多内部弱点的企业的确处于不安全和不确定的境地。实际上，这样的公司正面临着被并购、收缩、宣告破产或结业清算的局面，因而不得不为自己的生存而奋斗

SWOT 矩阵是战略匹配阶段的分析工具。这个矩阵是在内部、外部关键因素确定的基础上，根据判断结果将内部优势与劣势、外部机会与威胁分别列出，由内部与外部的两种状态以及相互匹配关系形成的四种不同的组合。

四、制订行动计划

在完成环境因素分析和 SWOT 矩阵的构造后，便可以制定出相应的行动计划。制订计划的基本思路是发挥优势因素，克服弱点因素，利用机会因素，化解威胁因素；考虑过去，立足当前，着眼未来。运用系统分析的综合分析方法，将排列与考虑的各种环境因素相互匹配起来加以组合，得出一系列未来发展的可选择对策。

第四节 规划创业的基本工具：创业计划书

如果你是一名创业者，经营着新创企业，或正在为一个项目寻求融资，那么你就需要制订一份商业计划（创业计划）书。不管是筹集资金，还是要给创业企业或项目一个更加明确的定位，商业计划书如同旅行者手中的导航图一样必不可少。商业计划书虽然不能为未来提供正确或错误的答案，但是它能让你积极备战应对未来，在奋进的征途上增加成功的机会。

一、什么是创业计划书

商业计划是创业者最需要掌握的基本工具。创业计划书是一份全方位的商业计划或项目建议书，是全面介绍拟执行项目的运作模式，描述与拟创办企业相关的内外部环境条件和要素特点，为业务的发展提供指示图和衡量业务进展情况的标准。通常创业计划是市场营销、财务、生产、人力资源等职能计划的综合。

二、为什么要写创业计划书

严格意义上讲，没有谁能百分之百准确预测未来，但是计划能让我们更清晰地认识到什么是可行的，什么是不可行的。商业计划对创业者乃至任何企业的生存和发展而言都非常重要。据著名机构邓白氏的统计，计划不周是许多中小企业失败的首要原因。我国许多风光一时的企业迅速衰落，尽管有各种各样的解释，但缺乏周详合理的商业计划也被认为是重要的因素之一。

对于创业者而言，可以通过创业计划书让投资人或投资机构对项目有更清晰的认识，从而融得创业资金；同时，写创业计划书的过程本身就是强迫创业者和创业团队系统地思考创业理念和创业模式的过程。通过合理设计商业模式与经营战略，统筹各种资源，部署行动计划，在团队内部达成共识，避免盲目行动。

因此，商业计划书对创业者的关键作用体现在以下三个方面：

（一）内部沟通

商业计划书作为谋划企业的一个有力工具，确立企业方向和策略路线，使公司成员目标一致。

（二）外部沟通

将公司的信息通过系统的整理和分析论证，传递给预期的投资者以便能够筹集必要的资金，或者提供给其他重要的战略伙伴以获得某些战略资源的支持，还可以在此基础上稍微整理形成向政府申报立项资助的可行性报告或项目报告。

（三）评估工具

商业计划书还可以用于阶段性地衡量和监测公司的运营状况。

一个好的商业计划应该是务实、简单明了以及可持续发展的。它提供企业的蓝图，较准确地描述企业现在何处，准备到达什么地方，企业的资源和努力如何能够保证达到那里，描述企业的过程和变化，从而增加企业成功的机会。

三、创业计划书要写点什么

创业计划书必须提出一个具有市场前景的产品或服务，并围绕该产品或服务完成一份完整、具体、深入的商业计划，要描述公司或项目的创业机会，并提出行动建议。

各类创业计划书的结构和格式可能有所不同，但事实上仍有章可循。大多数创业计划在基本内容方面有极大的相似性，在写作上也遵循一定的结构和格式。总体来讲，创业者可以根据适合产品（服务）的表达方式去撰写创业计划书，不必拘泥于固定的模板，但一般包括以下几方面的内容：

（一）封面和目录

封面看起来既要专业又可提供联系信息，其设计要有审美观和艺术性，最好富有个性，以便给阅读者形成良好的第一印象；而准确的目录索引能够让读者迅速找到他们想看的内容。

（二）摘要

计划摘要是创业者所写的最后一部分内容，但却是出资者首先要看的内容。因此，创业计划书的摘要要简明生动地概括与筹集资金最相关的内容，浓缩创业计划书的精华，反映创业计划的全貌，以便读者能在最短的时间内评审计划并作出初步判断。出色的摘要必须引人入胜，让读者有兴趣并渴望得到更多的信息。

（三）项目或企业介绍（产品或服务）

拟执行项目（拟创办公司）的名称及性质，进入的行业，从事的业务服务，开业的时间及地点，经营理念（即企业文化或宗旨，也叫经营哲学）。

（四）创业团队与组织结构

与其说风险投资商看中了某个项目，不如说是看中了某个团队。"投项目"首先是"投人"，创业者的创业能否成功，最终取决于该创业项目是否拥有一个强有力的管理团队。该部分要全面介绍创业团队的情况，展示创业团队的战斗力和独特性，包括公司的管理机构、主要股东、董事、关键的雇员、薪金、股票期权、劳工协议、奖惩制度及各部门的构成等情况，都要以明晰的形式展示出来。

（五）环境分析与创业战略

环境分析内容包括宏观环境和微观环境两方面。

通常用 PEST 分析方法来分析创业者所面临的宏观环境，即一般认为政治法律环境、经济环境、社会文化与自然环境以及技术环境是宏观环境四大因素。

创业者所处的微观环境主要包括产业环境和市场环境两个方面。通常用产品生命周期、波特五力模型、产业内的战略群体、成功关键因素等分析方法分析创业项目的微观环境。

基于环境分析，需得出可供本创业项目利用的商机在哪里？创业者如何行之有效地进入该行业？将采取什么样的经营发展战略？实现什么样的战略目标？

（六）营销策略

营销是企业经营中最富挑战性的环节。影响营销策略的主要因素有消费者的特点；企业产品的特性；企业自身的状况；市场环境方面的因素。通常用营销4P 理论制定产品或服务的营销策略，其基本内容和方法包括产品策略、价格策略、促销策略和分销策略。

（七）生产与运营

主要阐述新产品的生产制造及经营过程。要阐述生产产品的原料如何采购、供应商的有关情况，劳动力和雇用的情况，生产资金的安排以及厂房、土地等。内容要翔实，细节要明确。

（八）财务计划

财务计划包括目前企业的实际财务状况、预期的资金来源和使用计划、资产负债表、预期收入（利润和亏损状况）以及现金流量预测等，预测要现实合理并且行之有效。资金需求计划与融资方案是提出为实现公司发展计划所需的资金额，描述资金需求的时效性和资金的用途（详细说明资金用途，并列表说明）以及公司所希望的投资人所占股份的说明、资金其他来源（如银行贷款）等。同时，也要提出投资者的退出方式。通常的退出方式有股票上市、股权转让、股权回购、利润分红等，要选择其中最为合理的一种方式。

财务计划与分析是商业计划的关键内容之一，制定过程中最好能寻求会计师和其他专业人士的帮助。

（九）风险管理

详细说明项目实施过程中可能遇到的风险，提出有效的风险控制和防范手段，包括技术风险、市场风险、管理风险、财务风险、其他不可预见的风险。

如果预测不太准确，应该估计其误差范围到底有多大。可能的话，对关键性参数做最好和最坏的设定。

（十）附录

根据创业计划的需要，附上支持上述计划、信息的资料。
以上内容可以有所侧重。

◆ 相关链接

周鸿祎教您打造十页完美商业计划书

第一，用几句话清楚说明发现的目前市场中存在一个什么空白点，或者存在一个什么问题以及这个问题有多严重，几句话就够了。很多人写了300张纸，抄上一些报告。投资人天天看这个，还需要你教育他吗？比如，现在网游市场里盗号严重，有一个产品能解决这个问题，只需要一句话说清楚就可以了。

第二，你有什么样的解决方案，或者什么样的产品，能够解决这个问题。你的方案或者产品是什么？提供了怎样的功能？

第三，你的产品将面对的用户群是哪些？一定要有一个用户群的划分。

第四，说明你的竞争力。为什么这件事情你能做，而别人不能做？是你有更多的免费带宽，还是存储可以不要钱？这只是个比方。否则如果这件事谁都能干，为什么要投资给你？你有什么特别的核心竞争力？有什么与众不同的地方？所以，关键不在于所干事情的大小，而在于你能比别人干得好，与别人干得不一样。

第五，再论证一下这个市场有多大，你认为这个市场的未来是怎样的？

第六，说明你将如何挣钱，如果真的不知道怎么挣钱，你可以不说，可以老老实实地说，我不知道这个怎么挣钱，但是中国一亿用户会用，如果有一亿人用我觉得肯定有它的价值。想不清楚如何挣钱没有关系，投资人比你有经验，告诉他你的产品多有价值就行。

第七，再用简单的几句话告诉投资人，这个市场里有没有其他人在干，具体情况怎么样。不要说"我这个想法前无古人后无来者"这样的话，投资人一听这话就要打个问号。有其他人在做同样的事不可怕，重要的是你能不能对这个产业和行业有一个基本的了解和客观认识。要说实话、干实事，可以进行一些简单的优劣分析。

第八，突出自己的亮点。只要有一点比对方亮就行。刚出来的产品肯定有很多问题，说明你的优点在哪里。

第九，倒数第二张纸做财务分析，可以简单一些。不要预算未来三年挣多少钱，没人会信。说说未来一年或者六个月需要多少钱，用这些钱干什么。

第十，最后，如果别人还愿意听下去，介绍一下自己的团队，团队成员的优秀之处以及自己做过什么。

一个包含以上内容的计划，就是一份非常好的商业计划书了。

资料来源：创业邦.周鸿祎教您打造十页完美商业计划书 [EB/OL].http://www.cyzone.cn/a/20111118/218525.html，2011-11-18.

第五节　构建有效的商业模式

管理大师彼得·德鲁克 (Peter F. Drucker) 指出："当今企业之间的竞争，不是产品之间的竞争，而是商业模式之间的竞争。"商业模式的好坏直接决定了你的创业能否成立、能做多大、能走多远：好的商业模式能够集聚资源，形成企业持续盈利的良性循环；有缺陷的商业模式则会一直消耗资源，造成企业不断亏损的恶性循环。

一、什么是商业模式

咨询师米切尔和科尔斯（Mitchell and Coles，2004)对商业模式的定义：一个组织在何时（When）、何地（Where）、为何（Why）、如何（How）和多大程度（How much）地为谁（Who）提供什么样（What）的产品和服务（即7W），并开发资源以维持这种努力的延续。哈佛商学院的教学参考资料中将商业模式定义为"企业盈利所需采用的核心业务的决策与平衡"（Hamermesh, Marshall and Pirmohamed, 2002）。例如，谷歌让普通用户免费使用其搜索引擎，而通过定向广告从企业客户那里获得收益。

国内被广泛引用的概念：商业模式是指为了实现客户价值最大化，把能使企业运行的内外各要素整合起来，形成高效率的具有独特核心竞争力的运行系统，并通过提供产品和服务，达成持续盈利目标的组织设计的整体解决方案。其中，"整合""高效率""系统"是基础条件，"核心竞争力"是手段，"客户价值最大化"是主观目的，"持续盈利"是客观结果，也是检验一个商业模式是否成功的基本标准。商业模式的概念模型如图4-6所示。

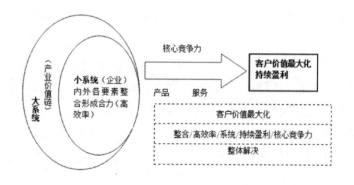

图4-6　商业模式的概念模型

二、商业模式的要素和特征

（一）商业模式的核心三要素

商业模式有三个核心要素，分别是顾客、价值和利润。一个好的商业模式，必须回答以下三个基本问题：

第一，企业的顾客在哪里？

第二，企业能为顾客提供怎样的（独特的）价值和服务？

第三，企业如何以合理的价格为顾客提供这些价值，并从中获得企业的合理利润？

当评价一个创业企业是否提出了真正具有创新性的商业模式时，首先需要从逻辑上回答上述问题，需要判断它能否为顾客、股东和员工，甚至其他利益相关者带来实际的价值和利益。总之，好的商业模式应当能够为多方创造价值。

（二）商业模式的三大特征

长期从事商业模式研究和咨询的埃森哲公司认为，成功的商业模式具有以下三个特征：

1. 成功的商业模式要能提供独特价值

有时候商业模式所提供的这个独特的价值可能是新的思想，而更多的时候它往往是产品和服务独特性的组合。这种组合要么可以向客户提供额外的价值，要么使得客户能用更低的价格获得同样的利益，或者用同样的价格获得更多的利益。

2. 成功的商业模式是难以模仿的

企业通过确立自己的与众不同，如对客户的悉心照顾、无与伦比的实施能力等，来提高行业的进入门槛，从而保证利润来源不受侵犯。例如，直销模式（仅凭"直销"这一点还不能称其为一个商业模式），人人都知道这一模式如何运作，也都知道美国的戴尔公司是直销模式的标杆，但是其他公司很难复制戴尔的成功商业模式，原因在于"直销"的背后是一整套完整的、极难复制的关键资源和运作流程。

3. 成功的商业模式是脚踏实地的，能够持续为企业创造利润

企业要做到量入为出、收支平衡。这个看似简单的道理要年复一年、日复一日地做到却并不容易。

三、价值链分析法

要构建一个好的商业模式，定位自己的核心竞争力，就有必要理解价值链的原理，并进行价值链的分析；在商业模式建立之后，还需要根据内外部环境的变化不断地调整以保持企业的核心竞争力，即价值链管理。

根据美国哈佛商学院著名战略学家迈克尔·波特(Michael Porter)的"价值链分析法"（如图4-7所示），可以把企业内外价值增加的活动分为基本活动和支持性活动：基本活动涉及生产产品、销售产品给购买者以及提供售后服务等活动，而支持性活动则是通过提供生产要素投入、技术、人力资源以及公司范围内的各种职能等来支持企业的基本活动。现对各项活动分述如下：

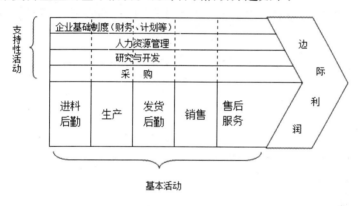

图4-7 波特价值链

（一）基本活动要素

1. 进料后勤

进料后勤是与接收、存储和分配相关联的各种活动，如原材料搬运、仓储、库存控制、车辆调度和向供应商退货等。

2. 生产

生产是与将投入转化为最终产品形式相关的各种活动，如机械加工、组装、包装、设备维护、检测等。

3. 发货后勤

发货后勤是与集中、存储和将产品发送给买方有关的各种活动，如产成品库存管理、原材料搬运、送货车辆调度等。

4. 销售

销售是与提供买方购买产品的方式和引导其进行购买相关的各种活动，如广告、促销、销售队伍、渠道建设等。

5. 售后服务

售后服务是与提供服务以增加或保持产品价值有关的各种活动，如安装、维修、培训、零部件供应等。

（二）支持性活动要素

1. 采购

采购是指购买用于企业价值链各种投入的活动，既包括企业生产原料的采购，也包括支持性活动相关的购买行为，如研发设备的购买、物料的管理作业等。

2. 研究与开发

每项价值活动都包含着技术成分，无论技术诀窍、程序，还是在工艺设备中所体现出来的技术。

3. 人力资源管理

人力资源管理包括人员的招聘、雇用、培训、开发和报酬等各种活动。人力资源管理不仅对基本和支持性活动起到辅助作用，而且支撑着整个价值链的运行。

4. 企业基础制度

企业基础制度支撑了企业的价值链条，如会计制度、行政流程等。

一个企业的价值链通常由上述各种活动组成。对于企业价值链进行分析的目的，在于分析企业运行的哪个环节可以提高客户价值或降低生产成本。对于任何一个价值增加行为，关键问题在于：①是否可以在降低成本的同时维持价值（收入）不变。②是否可以在提高价值的同时保持成本不变。③是否可以在降低工序投入的同时保持成本收入不变。④企业能否可以同时实现前三条。

企业参与的价值活动，并不是每个环节都创造价值的，实际上只有某些特定的活动才真正创造价值，这些真正创造价值的经营活动，就是价值链上的"战略环节"。企业要想方设法来确定核心竞争力，要始终密切关注组织的资源状态，特别要关注和培养在价值链的关键环节上获得重要的核心竞争力，以形成和巩固企业在行业内的竞争优势。企业的优势既可以是价值活动所涉及的市场范围的调整，也可以是企业间协调或整合价值链所带来的最优化效益。

一个企业可以在产业价值链的 3～4 个环节具有高度竞争力，但要想在所有环节上都具有竞争力是不太可能的。耐克公司在美国运动鞋行业中一直处于领先地位。对于耐克而言，营销和新颖的产品设计是其专长，而对于制造，则采取外包策略，耐克还外包部分财务运作。

四、构建商业模式的方法

根据马克·约翰逊、克莱顿·克里斯滕森和孔翰宁（2008）对商业模式的研究，创业者可分三步构建有效的商业模式：第一步，挖掘客户的真实需求，并提出客户价值主张；第二步，设计能满足客户需求的盈利模式；第三步，培育和整合支撑企业创造和传递客户独特价值的关键资源和管理流程，打造企业核心竞争优势。

下面分别介绍商业模式的三大要素：客户价值主张、盈利模式、关键资源与关键流程。

（一）客户价值主张

客户价值主张是构建商业模式的关键第一步，任何成功的企业都能找到为客户创造价值的方法，即帮助客户解决某个问题或更好地完成某项重要事情的方法，如沃尔玛的"天天低价"、宝马汽车的"驾驶乐趣"、飘柔洗发水的"柔顺"等。

企业拥有一个独特而有力的价值主张，可以给客户一个充分的理由购买你的产品或服务。企业的客户价值主张必须具备三个特点才能真正打动客户的心：①与众不同。必须比竞争对手的价值主张更胜一筹。②可衡量性。所有的价值主张必须是真实的、能以货币量化（或具体功能）的差异点。③可持续性。公司必须在相当长的一段时期内执行这一价值主张。

企业确定客户价值主张的方法：突出共鸣点，突出客户最看重的一两个差异点（也许包括一个相似点）。例如，成立于1971年的美国西南航空公司，作为美国唯一一家成立之初就盈利的航空公司（并连续保持了至少33年盈利），美国西南航空公司的客户价值主张是低价格、方便、愉悦的短途旅行。为此西南航空采取了不提供不必要的服务、加大投入让客机携带行李以及清洁机舱等方面的创新。

（二）盈利模式

盈利模式是指企业为顾客提供价值的同时，也为自己创造价值的详细计划。简单来说就是公司怎么赚钱，利润从哪里来。最基本的利润公式为：利润＝收益－

成本，其中，收益 = 价格 × 销量。可见，盈利模式由客户群规模、定价方式和成本结构这三个方面来决定，企业是否盈利就看顾客认知的价值是否超过企业付出的成本。公司的盈利方式主要有三种：高端模式（高价格、高运营成本、高端化经营），例如，路易·威登等高端品牌和奢侈品品牌；低价模式（低价格、低运营成本、规模化经营），例如，格兰仕微波炉等奉行总成本领先战略的企业；中间模式（居中价格、中高利润率、中等运营成本、利基化经营）。

（三）关键资源与关键流程

客户价值主张的实现必须依托于企业的关键资源和关键流程，这些资源和流程构成了企业的核心竞争力，企业可以借此超越竞争对手来服务好目标客户群体，从而创造持久的差异化竞争优势。关键资源是指向目标客户群体传递价值主张所需的人员、技术、产品、厂房、设备和品牌，是那些可以为客户和公司创造价值的关键要素以及这些要素间的相互作用方式。企业的关键流程是指可以持续为客户创造和传递价值的运营和管理过程，包括新产品研发、制造、营销、服务等关键工作。同时，关键流程还包括公司的规则、绩效指标和规范等。

构建商业模式的这三个要素之间相互作用，形成一个有机整体。关键资源和关键流程联合作用形成企业独特的盈利模式；企业的关键资源和流程与盈利模式共同为客户提供独特的价值。整合这三个要素可以建立一个商业模式的三要素整合模型，如图 4-8 所示。

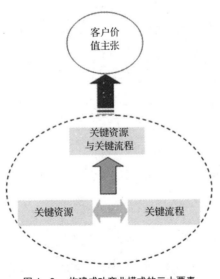

图 4-8　构建成功商业模式的三大要素

商业模式的设计需关注的要点如下：

第一，要提供具有广阔市场前景的产品和服务。

第二， 要为你的产品和服务提供保障，顾客才可能放心购买，而且还能重复购买。

第三，企业所能提供的产品和服务一定要有强于竞争对手的差异化优势。

第四，成功一定要建立在帮助他人成功的基础上，是双赢甚至多赢的生意机制。

好的商业模式的构成要素如下：

第一，能盈利。几乎没有哪个生意第一天就盈利，问题是需要多长时间才能盈利？把目标的盈利日期写下来。如果超过很久还没能盈利，就需想办法解决商业模式中存在的问题。

第二，能自启动。创业者最容易陷入的陷阱之一就是试图创造一种不能自启动而寄希望于某种难以获得的前提条件、"空中楼阁"式的商业模式。

第三， 能自我保护。这些壁垒包括专利、品牌、排他性的推销渠道协议、商业秘密以及先行者的优势。

第四，一定的灵活性。商业模式要保持灵活性、有调整的余地。那些依赖大量客户或合作伙伴，或者完全依赖某一个特定客户或伙伴的商业模式，很难引起投资者与伙伴们的兴趣。

五、 商业模式和创业战略的关系

在现实中，商业模式和创业战略容易混为一谈，但实际上有了好的甚至创新性的商业模式并不意味着创业的成功。实际上，商业模式与战略既有区别又有联系。

琼·玛格丽塔（Magretta，2002）指出，商业模式描述的是业务的各个部分是如何组合成为一个系统的。商业模式更多考察由建立和运营企业所必需的各个环节紧密构成的完整要素链，它往往起源于商业机会，考虑的主要是企业、顾客、股东等相关利益者之间如何实现"共赢"。任何一个能长期存活下来的企业（乃至更广义的组织），都拥有合适的商业模式，哪怕是非常简单的商业模式，或仅仅是一个系统中很微小的一部分。

创业战略在于规划一条从创业机会、组织资源通向创业目标的道路，它必须充分考虑到竞争因素。迈克尔·波特在《什么是战略》这篇管理学经典论文中提出，竞争战略就是创造差异性，即有目的地选择一整套不同的运营活动以创造一种独特的价值组合，"战略的实质存在于运营活动中——选择不同于竞争对手的运营活动，或者不同于竞争对手的活动实施方式"。

同样的商业模式下，企业可以采取不同的竞争战略。例如，沃尔顿先生在1962年创建沃尔玛公司的时候，也采用了折扣零售这种新潮的商业模式，但与采取该商业模式的其他企业不同，沃尔玛店选址在郊区或偏僻小镇而不是大城市，沃尔玛销售品牌产品而不是非品牌产品。不同的创业战略导致了不同的结果，而今，当年的折扣店大多早已倒闭，沃尔玛却成长为零售业的"老大"。

可见，商业模式和创业战略在概念上有所区别，各有侧重，创业者构思出好的商业模式后，还需要进一步认真探索创业战略。但两者也是有联系的，毕竟都派生于共同的市场机会，服务于共同的企业目标。

相对于现有的成熟企业，创业者（企业）通常更加缺乏资源、缺乏品牌，只有寻找一个新的定位，才可能发挥或创造企业的竞争优势。由于技术的演进或技术革命、新的消费者（不同的消费心理）群体和新的市场需求等产生的创业机会，对于现有企业来说敏感性相对较差，或者由于现有业务的压力，不愿意迅速去开发新机会。创业企业作为新的市场进入者，往往更容易发现新的竞争方式，更加灵活地抓住市场机会，至少在一定的时期内，有可能较为充分地利用这些机会。谢恩（Scott Shane）教授从产业生命周期的角度研究创业机会指出，当产业还处于年轻阶段，尤其是还没有出现一个占统治地位的设计时，新创企业有更多的成功机会。不过，创业企业至少要在市场定位、产品种类、特征和服务、销售方式和渠道、生产过程的某个或者多个环节上与众不同，才可能赢得独特的竞争地位。

【拓展阅读】

影响中国的十大商业模式

在所有的创新之中，商业模式创新属于企业最本源的创新。离开商业模式，其他的管理创新、技术创新都失去了持续发展的可能和盈利的基础。《经理人》杂志于2007年1月刊登了"正在影响中国管理的十大商业模式"一文，提出了基于四大标准入选的中国十大商业模式：借助新技术和整合了新资源；开拓了新的盈利模式；模式具有可持续性，具有良好的业绩；模式给其他行业很好的启发，并带动各行业模仿和创新。

一、B2B 电子商务模式

代表公司：阿里巴巴集团（以下简称阿里巴巴）、慧聪网、环球资源集团有限公司、网盛科技有限公司。

模式概述：阿里巴巴被誉为全球最大的网上贸易市场，汇聚了大量的市场供求信息，同时能够为会员提供增值服务，为广大的中小企业在激烈的国际竞争中带来了更多的可能性，尤其是推动了中国商业信用的建立。目前阿里巴巴主要依靠中国供应商委托设计公司网站、网上推广项目和诚信通盈利。特别是诚信通，由于能够协助用户了解客户的资信状况，因此对电子商务市场的诚信度的建立具有深刻意义。

模式的难题：中国电子商务的整体环境困扰着 B2B 模式的发展，信用管理问题也很突出。

二、娱乐经济新模式

代表模式：湖南卫视"超级女声"。

模式概述："超级女声"构筑了独特的价值链条和品牌内涵，通过植入网络投票、短信、声讯台电话投票等多个盈利点，并整合大量媒体资源，突破了原有电视节目单纯依靠收视率和广告盈利的商业模式。从 2004 年起，"超级女声"通过全国海选的方式吸引能歌善舞、渴望创新的女孩子参赛。这种调动消费者的情感与参与度的娱乐节目在 2005 年达到空前高潮，赞助商、电信厂商和组织机构成为最大赢家。在节目结束后，电视台所属的经纪公司又开始对"超女"进行系列的包装、运作，进行品牌延伸营销。

模式的难题：如同所有电视节目的规律一样，海选节目很容易进入瓶颈期，很难再恢复往日的风光。消费者喜好的转移和市场的千变万化，是这类商业模式的"死穴"。同时，一枝独秀也是这种模式的规律，虽然容易被复制，但复制者多难以超越首倡者创造的奇迹。

三、新直销模式

代表公司：安利（中国）日用品有限公司（以下简称安利）、雅芳产品有限公司、完美（中国）有限公司、天狮集团、玫琳凯（中国）化妆品有限公司。

模式概述：多层次人力直销网络是安利商业模式的根基，这张庞大的销售网上的每一个节点——直销员都具备经销商和消费者的双重身份。1992 年进入中国内地的安利并不是面向终端消费者、以产品消费价值招徕顾客的常规企业，而是面向小型投资主体——个人与家庭，招募他们为经销商，加入安利直销大军。

《中华人民共和国直销法》出台，处于敏感地带的安利尽管获得了中国政府的牌照，但也在调整业务模式，原来的经销商可以在"销售代表"和"服务网点"两个渠道间重新选定身份，而安利原有的经销商队伍将逐渐淡出。安利在逐步适应中国环境和改变经营方式的过程中，坚守住了中国市场。

模式的难题：政策约束和道德风险是直销企业在中国发展的主要瓶颈。

四、国美模式

代表公司：国美电器控股有限公司（以下简称国美）、鹏润地产控股有限公司、苏宁易购、北京市大中家用电器连锁销售有限公司。

模式概述：家电在中国是成长性较好的商品之一，低价连锁的销售模式深得消费者的青睐。国美依靠资金的高周转率，以惊人的速度扩张，在中国内地160多个城市拥有直营门店560多家，在中国香港地区和中国澳门地区的门店总数达到12家（数据至2006年底），扩张速度是世界知名的家电连锁巨擘百思买公司的4倍，利润则主要来自供应商的返利和通道费。

模式的难题：规模急剧扩张的国美面对的却是盈利能力的下滑，和其竞争对手一样，低价之外还需要更多的精细化管理，而凭借供应商的应收账款维持高速运转，也非长久之计。

五、C2C电子商务模式

代表公司：淘宝网、e-Bay易趣网、当当网、腾讯拍拍网。

模式概述：淘宝网以免费的模式，将最大的竞争对手置于被动地位，并吸引了众多网上交易的爱好者到淘宝开店。淘宝网还打造了国内先进的网上支付平台"支付宝"，以"支付宝"为信用中介提供增值服务，即在买家确认收到商品前，由"支付宝"替买卖双方暂时保管货款。同时，多触角出击整合娱乐营销的商业模式对于淘宝网迅速占领C2C电子商务市场也功不可没。

模式的难题：e-Bay易趣网被淘宝网的免费战略打败，说明中国的消费环境尚未成熟。以利润换取市场空间的方式在C2C启动初期是奏效的，但如何增加客户的黏性，并寻找到适合C2C的盈利方式，是淘宝等网站共同面临的问题。网络支付的安全性也是一大挑战。

六、分众模式

代表公司：分众传媒信息技术股份有限公司（以下简称分众）。

模式概述：其商业价值在于让原本无聊等待电梯的写字楼白领观看电梯口液

晶屏广告，给广告主提供准确投递广告的新媒体。2005 年 7 月，分众登陆纳斯达克融资 1.72 亿美元，此后并购了公寓电梯广告商框架传媒和行业第二名聚众传媒，打造"分众户外生活圈媒体群"商业模式：一个人早上上班，进了电梯会看到电梯海报，在都市中心商务区的行进路途观看 LED 彩屏媒体广告，在写字楼看到楼宇广告，而在超市、大卖场又能看到分众的大卖场联播。

模式的难题：技术门槛低，竞争者进入容易，楼宇租金上涨，缺乏内容支持，单机人工播放的形式影响广告价格和效果，户外媒体资源不可再生，市场空间有限，黏性差，噪声。

七、虚拟经营模式

代表公司：耐克公司、上海美特斯邦威服饰股份有限公司（以下简称美特斯邦威）。

模式概述：美国耐克公司是服装业虚拟经营的典范。耐克公司把精力主要放在设计上，具体生产则外包给劳动力低廉的国家和地区的厂家，以此降低生产成本。这种虚拟制造模式使耐克公司得以迅速在全球拓展。近年来，耐克公司试图转变既有的产品驱动型的商业模式，进而发展成为以客户为中心、通过品类管理推动利润增长的组织。美特斯邦威属于这种模式的跟随者。

模式的难题：对美特斯邦威来说，由于中国各地 OEM 厂商产能有限，供货商队伍过于庞大分散，引起了品牌企业的经营和管理成本的上升，对企业的管理能力也提出了挑战。

八、经济型连锁酒店模式

代表公司：如家酒店、锦江之星酒店、莫泰酒店、7 天连锁酒店、城市客栈酒店。

模式概述：如家未必是中国经济型酒店的"第一人"，却是迅速地将连锁业态的模式运用于经济型酒店的革命者。由于快速地加盟、复制、扩张，如家快捷酒店及时地占据了区位优势，在众多的同行业竞争者中率先赢得华尔街的青睐，于 2006 年 10 月 26 日成功登陆纳斯达克。在中国的一线商务城市，如家酒店入住率接近 100%，定位在 150～300 元的经济型客房，对中小企业商务人士、休闲及自助游客具有极大的吸引力。

模式的难题：中国的不同城市差异巨大，如何在维持低成本运作的前提下，以相对统一的服务品质，保证在各个城市均获得成功，而众多的加盟店管理不善也会影响品牌形象。若想取悦华尔街，经济型连锁酒店需要保持更高的增长速度和利润。

九、网络游戏模式

代表公司：上海盛大网络发展有限公司（以下简称盛大）、广州网易计算机系统有限公司、第九城市计算机技术咨询（上海）有限公司。

模式概述：盛大独自开创了在线游戏的商业模式。2005年12月，盛大宣布转变商业模式，将按时间的点卡收费模式，改为实施道具增值服务的计费模式。盛大希望以一种有效的模式发现和满足用户需求，延长游戏的生命期，并获得更持久的现金流。由于免费模式的推行，核心竞争力不断强化，收入得到了快速增长。

模式的难题：无论收费或免费，只有好的游戏产品，才能在市场上长期立足。

十、网络搜索模式

代表公司：北京百度网讯科技有限公司（以下简称百度）、谷歌公司（以下简称谷歌）、雅虎公司。

模式概述：搜索引擎已彻底改变了人们的生活方式，其中竞价排名是搜索最主要的收入来源。百度的收入对竞价排名的依赖程度很高，实质类似于做广告，即客户通过购买关键词搜索排名来推广自己的网页，并按点击量进行付费。由于网页左右两边都包含有竞价排名的结果，搜索者很难清晰地辨别哪些搜索结果是付费的。谷歌的竞价排名商业模式有所不同，搜索结果的左侧是自然搜索排名，右边为竞价排名搜索结果，更好地照顾了用户的使用感受。

模式的难题：单一搜索门户采用的竞价排名商业模式很容易影响搜索结果的客观性，而如何识别无效性点击或欺骗性点击的技术，也是其模式需要解决的问题。

资料来源：吴运迪. 大学生创业指导 [M]. 北京：清华大学出版社，2012.

【能力训练】

1. 举例说明创业者的个性特征和能力对创业的影响。

2. 假定自己要成为成功的创业者，还需要在哪些方面锻炼和提高？

3. 请用 SWOT 法分析自己的创业项目或用此方法进行个人职业生涯规划。

4. 请为自己的创业项目起草创业计划书。

5. 举几个你认为管理者应该具备的好习惯，并说明其作用。

第五章　理解创业团队

小故事大道理

团队的力量

在非洲的草原上如果见到羚羊在奔逃，那一定是狮子来了；如果见到狮子在躲避，那就是象群发怒了；如果见到成百上千的狮子和大象集体逃命的壮观景象，那是什么来了呢？一定是蚂蚁军团来了！

启示：蚂蚁是何等的渺小微弱，任何人都可以随意处置它，但面对它的团队，就连兽中之王也要退避三舍。对于创业者而言，个体弱小没有关系，与伙伴精诚协作就能变得强大。

【学习目标】

◇ 理解什么是创业团队

◇ 认识创业团队对创业成功的重要性

【章首案例】

同舟共济才能成就梦想

在上海海洋大学，有一个攻克了某种高级观赏鱼人工养殖课题的高才生，名叫王楠。王楠在毕业时，就用这个颇有技术含量和难度的科技项目，开始了自己的创业之旅。

他首先攻克了这种鱼在人工海水里的养殖，紧接着又在老师的帮助下成功地解决了人工繁育课题。于是，在他的企业里就有了漂亮的观赏缸——类似我们常见的热带鱼缸一样。在清澈的水里，游动着彩色的观赏鱼，美丽而让人喜爱。

为了开办公司，他找到了一个与他性格不同但优势互补的搭档张玉：王楠是技术型的，可以负责公司的技术问题；张玉是营销型的，可以负责公司的销售和外联工作。

公司在天使基金的帮助下顺利开张了，由于产品填补了市场空白，一时间生意兴隆，他俩好开心！但是好景不长，王楠渐渐地发现公司的业务很好，可就是不盈利。他细心地观察和打探之后，发现张玉在外边又重新开了自己的公司。

是沟通不够还是利益分配不均？还是有其他原因？一心只顾技术改进的王楠确实缺乏企业管理的知识。总之，在他们创业失败的诸多原因里，这支因为彼此优势互补而结合的团队，却因为诚信问题，导致合作失败，最终导致了创业失败。

由此可见，建立良好的诚信不仅是企业对外开展营销时应注意的问题，也是企业内部团队成功合作所必须遵守的原则。

资料来源：李肖鸣，朱建新.大学生创业基础（第二版）[M]. 北京：清华大学出版社，2013.

【理论知识】

团队就是合理利用每一个成员的知识和技能协同工作，解决问题，达到共同目标的共同体。创业团队，就是由少数具有互补技能的创业者组成，是为了实现共同的创业目标，按照一种能使其彼此担负责任的程序，共同为达成高品质的结果而努力的集体。

第一节　创业团队概述

一、创业团队的内涵

团队最适合处理复杂的、不确定的、量大、超越个人能力的任务。一群人走到一起还不能算是一个团队，创业团队需要具备五个重要的因素，称为5P。

（一）目标 (Purpose)

创业团队应该有一个既定的共同目标为团队成员导航，知道要向何处去。目标在创业企业的管理中以企业的愿景、战略的形式体现。可以说，团队没有目标就没有存在的价值。

（二）人 (People)

人是构成创业团队最核心的力量。团队应充分调动创业者的各种资源和能力，将人力资源进一步转化为人力资本。

（三）定位 (Place)

首先是创业团队的定位，创业团队在企业中处于什么位置，由谁选择和决定团队的成员，创业团队最终应对谁负责，应采取什么方式激励下属；其次是个体（创业者）的定位，作为团队中的成员在创业过程中扮演什么角色，是制定计划者还是具体实施或评估者等。

（四）权限 (Power)

创业团队当中领导人的权力大小与其团队的发展阶段和创业实体所在行业相关。一般来说，在发展的初期阶段领导权相对比较集中，创业团队越成熟领导者所拥有的权力相应越小。

（五）计划 (Plan)

计划有两层含义：一是目标最终的实现，需要一系列具体的行动方案，可以把计划理解成达到目标的具体操作程序；二是要按计划进行，以保证创业团队进度的顺利，只有按计划操作，创业团队才会一步一步地贴近目标，最终实现目标。

二、创业团队的类型

从不同的角度、层次和结构，可以将创业团队划分为不同的类型，例如，有星状创业团队、网状创业团队和虚拟星状创业团队。

（一）星状创业团队

星状创业团队是在团队中有一个核心领导，充当领队的角色。这种团队在形成之前，一般是核心人物有了创业的想法，然后根据自己的设想进行团队的组织。因此，在团队形成之前，核心人物已经就团队组成进行过仔细思考，根据自己的想法选择相应人员加入团队，这些加入创业团队的成员也许是核心人物以前熟悉的人，也有可能是不熟悉的人，但这些团队成员在企业中更多的时候是支持者角色。这种创业团队有几个明显的特点：一是组织结构紧密，向心力强，主导人物在组织中的行为对其他个体影响巨大；二是决策程序相对简单，组织效率较高；三是容易形成权力过分集中的局面，从而使决策失误的风险加大；四是当其他团队成员和主导人物发生冲突时，因为其特殊的权威，往往使其他团队成员处于被动地位，情况较严重时还会选择离开团队，因而对组织的影响较大。这种组织的典型例子，如太阳微系统公司创业当初就是由维诺德·科尔斯勒 (Vinod KhMla) 确立了多用途开放工作站的概念，接着他找了两位分别在软件和硬件方面的专家以及一位具有实际制造经验和人际技巧的麦克尼里（Scott G.Mcnealy），于是组成了太阳（Sun）的创业团队。

（二）网状创业团队

网状创业团队的成员在创业之前都有密切的关系，如同学、亲友、同事、朋友等，一般是在交往过程中，共同认可某一创业想法，并就创业达成了共识以后，开始共同进行创业的。在创业团队组成时，没有明确的核心人物，大家根据各自的特点进行自发的组织角色定位。因此，在企业初创时期，各位成员基本上扮演的是协作者或者伙伴角色。这种创业团队的特点：一是团队没有明显的核心，整体结构较为松散；二是组织决策时，一般采取集体决策的方式，通过大量的沟通和讨论达成一致意见，因此组织的决策效率相对较低；三是由于团队成员在团队中的地位相似，因此容易在组织中形成多头领导的局面；四是当团队成员之间发生冲突时，一般都采取平等协商、积极解决的态度消除冲突，团队成员不会轻易离开，但是一旦团队成员间的冲突升级，可能某些团队成员选择撤出，就容易导致整个团队的涣散或分裂。这种创业团队的典型就是微软的比尔·盖茨（Bill Gates）和童年玩伴保罗·艾伦（Paul Allen），还有惠普的戴维·帕卡德（David Packard）与同学比尔·休利特（Bill Hewlet）等。

（三）虚拟星状创业团队

虚拟星状创业团队是由网状创业团队演化而来，基本上是前两种的中间形态。在团队中，有一个核心成员，但是该核心成员地位的确立是团队成员协商的结果，因此该核心人物从某种意义上说是整个团队的代言人，而不是主导型人物，其在团队中的行为必须充分考虑其他团队成员的意见，不如星状创业团队中的核心主导人物那样有权威。

创业团队能否取得成功的一个重要因素是成员的互补性。互补性是指由于创业者知识、能力、心理等特征和教育、家庭环境方面的差异，通过组建创业团队来发挥各个创业者的优势，弥补彼此的不足，从而形成一个知识、能力、性格、人际关系资源等方面比较平衡的优秀团队。一个创业团队要想紧密团结在一起，共同奋斗，努力实现团队的愿景和目标，各种角色的人才都不可或缺。创新者提出观点，实干者运筹计划，凝聚者润滑调节各种关系，信息者提供支持的武器，协调者调和各方利益与关系，推进者促进决策的实施，监督者监督决策实施的过程，完美者注重细节强调高标准，专家则为团队提供一些指导。例如，《西游记》中由唐僧率领的取经团队被公认为是一支"黄金组合"的创业团队。四个人的性格各不相同，却又同时有着不可替代的优势。唐僧慈悲为怀，使命感很好，有组织设计能力，注重行为规范和工作标准，所以他担任团队的主管，是团队的核心；孙悟空武功高强，是取经路上的先行者，能迅速理解、完成任务，是团队业务骨干和铁腕人物；猪八戒看似实力不强，又好吃懒做，但是他善于活跃工作气氛，使取经之旅不至于太沉闷；沙僧勤恳、踏实，平时默默无闻，关键时刻他能稳如泰山、稳定局面。

在一个创业团队中，成员的知识结构越合理，创业成功的可能性越大。纯粹的技术人员组成的公司容易形成技术为王、产品为导向的情况，从而使产品的研发与市场脱节；全部由市场和销售人员组成的创业团队缺乏对技术的领悟力和敏感性，也容易迷失方向。因此，在创业团队的成员选择上，必须充分注意人员的知识结构、技术、管理、市场、销售等，保障个人的知识和经验优势能够得到有效的发挥。

大学生寻找创业合作伙伴跟找对象的道理是一样的，可遇而不可求，要看缘分。理想的合伙人，能够在某些方面给企业者特别的帮助和支持，对事业快速前进会有帮助；一般的合伙人，其水平、能力、资源不见得很理想，但很愿意跟创业领导者一起做。在找创业合伙人的时候，真正想要找到理想合伙人不太容易，需要一定的时间和机缘，而寻找次优一点的搭档则相对容易，可以搭搭手、帮帮忙，使企业的生意能够稳定，对起步会有较大帮助。

三、团队发展过程理论

团队成功的前提是其成员能积极承担任务，为此需要把任务目标分解放置在团队每个个体的目标之上。要组建团队，了解团队的过程和任务是非常必要的，这有助于一个群体成长为一个有效的团队。

塔克曼（Tuclanan，1964）将团队发展描述成由四个部分组成的一个过程，这四个部分是建立(Forming)、动荡(Storming)、规范(Norming)和行动(Perfoming)。这是团队发展必经的道路，否则任何未完事项、对立和个人隐藏的目的都会妨碍团队效益。

（一）建立阶段

建立阶段即形成阶段，在这个阶段，成员讨论目标、判别团队该如何运行、人员组合是否合适、何时完成任务等。

开始的时候，团队的各个成员聚集到一起，每个人都迫切地想知道其工作任务是什么。他们会思考一些问题，如我们到这里要做什么、怎么做。当他们面对突发的情况时，有的表现出十分焦虑，有的则表现出矜持。在这一时期成员之间的信任一般处于低谷阶段（除非成员原来就相互认识）。本阶段团队进行的主要活动应该是交流思想和收集信息。

在建立阶段，个人的需要摆在首要位置，其要确定各自的工作任务，未来将迈向何方。团队领导必须做很多的沟通工作，以增进其本人与每个成员的了解和信任，并就未来的打算向团队成员介绍自己的观点，回答"我们要做什么"的问题，并努力促成个人的目的与未来事业目标的结合。团队的需要则被摆在中间位置，还在探索发展方式和操作方式，团队领导需要设法促进团队成员间的相互了解，增进共识。在这个阶段，尽管任务的需要还很低，但也要努力推动工作进展。

（二）动荡阶段

动荡阶段的特征是意见分歧。此时成员发现其他人带有自己的隐藏目的，在团队目标上尚未真正达成一致。这个时候，成员开始变得非常活跃，但当团队试图寻求拥有共同的目标时，成员之间可能会出现意见不合和冲突。如果处理得当，本阶段将富有创造性。

在这个阶段，个人需要仍保持较高水平，因此必须继续满足个人的需要并使全体成员安心。随着成员提出不同的观点（如群体应该如何协作、群体应该做什么等），团队的需要也逐渐提高。这时要注意所出现的问题信号，并避免某一两个人在群体中占据优势而压制其他成员的需要或意见。随着冲突的产生，正视冲突并同时有针对性地帮助团队成员解决冲突变得越来越重要。团队仍旧处在发展过程中，团队领导需要把任务看作推动团队发展并解决动荡问题的工具。塔克曼认为，如果这一冲突解决得好，那么群体的有效运转就有了基础。

（三）规范阶段

在规范阶段，人们找到了一起工作的真正基础，其关键就是共识、信任、计划和合理分工。成员们了解了彼此的优点和弱点，了解在哪些方面可以互相帮助以及如何真正作为一个团队一起工作。他们在团队目标、标准和任务上达成更坚定的一致，并制定出决策方法和切合实际的时间表。

在这一阶段，团队、个人可以得心应手地处理在团队中遇到的事情，他们的个人需要在某种程度上降低了；而团队需要很高，团队致力于在行动准则和工作程序上达成一致；任务需要的重要性开始凸显，团队领袖应该注重目标的制定并激励团队成员为目标做出贡献，督促每个团队成员全力以赴，并加强合作。

（四）行动阶段

前面各阶段顺利完成后就到了最后的行动阶段。这标志着该群体现在已成长为一个成熟的团队，大家共同努力，按照标准和规定的时间执行任务。团队成员互相支持，努力达成团队目标，并从中获得自豪和满足感。这个时候的个人与团队需要处于中等水平，团队领导的精力主要放在任务需要上，帮助团队制订计划并监控计划的执行，时刻谨记团队目标。

这个阶段要小心团队退回到前一个阶段。例如，当有新成员加入时，团队经常会退回到规范阶段，如果发生了这种情况，要尽快修正行动，回到成熟阶段。

上述各个阶段需要多长时间，取决于以下因素：任务对团队成员的重要程度、任务性质、群体规模、成员是否习惯于一同共事、个人优先考虑的事情、成员忠于谁，等等。一个已经存在较长时间的团队并不一定意味着它就在"行动"阶段运行。

四、团队职能分析

要使团队绩效更佳，使其善用创造力和分析能力来解决问题并完成任务，必须使团队保持在有效的管理状态。例如，确保每个人都有机会发表意见，或确保团队定期进行自我评估，这不应该是一个人的责任。在一个运行良好的团队中，团队的管理在于自我监管。

团队管理的职能包括任务职能和过程职能。管理一个团队就是在过程职能（Process Functions）和任务职能（Task Functions）之间保持平衡，在维持和谐、合作积极的团队氛围和保证完成既定任务之间保持平衡。过分强调过程难以完成任务，过分强调完成任务则难以使成员全身心投入。

通过这种方法来分析团队管理职能，一方面确保目标能够达成，另一方面力求在管理周期和团队发展的每个阶段培养与维持和谐、合作的团队关系。

第二节　团队角色与团队意识

团队，在英文中叫做"Team"，是由一群有着共同目标、有着分工而又协同的人群形成的战斗团体。团队不同于群体。群体，在英文中叫做"Group"，可能只是一群乌合之众，并不具备高度的战斗力。一般来说，羊群是群体，狼群是团队。

一、团队角色

一个完整的团队应该配备怎样的角色，学者们各有各的观点。但是，队长、评论员、执行人、外联负责人、协调人、出主意者、督察等角色，都是人们经常见到的团队中的活跃分子。

团队的各个角色、任务及特点大致可从表 5-1 中窥见一斑。需要提出的是，团队中存在着上述各个角色，但通常不是一个人担当一个角色。在团队中，最常见的情况是，其核心人员一个人担当两个角色甚至更多，而有些角色却由好几个人共同担当。

表 5-1　团队中的各个角色及其特点

队员角色、主要任务	特　点
队长： 发现新成员并提高团队合作精神	对团队中每个成员的才能和个性有着敏锐的判断力
	善于克服弱点
	一流的联系人
	善于鼓舞士气、激发工作热情
评论员： 使团队保持长久高效率工作的监护人和分析家	要求最好的答案
	分析方案、找出团队弱点的专家
	坚持错误必须改正，而且铁面无私
	提出建设性意见和建议，指出改正错误的可行性方法

续表

队员角色、主要任务	特　点
执行人： 保证团队行动的推进和圆满完成	思维条理清楚 预见可能发生的拖延情况，并及时作出预防 具有"可以完成"这种心理，且愿意努力完成 能够重整旗鼓、克服困难
外联负责人： 负责团队的所有对外联系事务	具有外交才能，善于判断他人的需求 具有可靠、权威的气质 对团队工作有一个整体了解 处理机密事务时小心谨慎
协调人： 将所有队员的工作融合到整个计划中	清除困难任务之间的联系 了解事情的轻重缓急 能够在极短时间内掌握事情的大概 擅长保持队员之间的联系 能熟练处理可能发生的麻烦
出主意者： 维持和鼓励团队的创新能力	热情、有活力，对新主意有强烈的兴趣 欢迎并尊重他人的新主意 将问题看作成功革新的机会，而非灾难 永不放弃任何有希望的意见
督察： 保证团队工作高质量地完成	要求团队遵循严格的标准 对他人的表现明察秋毫 发现问题绝不拖延，立即提出 是非分明

资料来源： 谢敏 . 管理能力训练教程（第二版）[M]. 北京 : 清华大学出版社 , 2012.

二、 团队形成的条件

在旧的观念中，组织以职务为中心，以职务功能划分部门，各部门相互独立，缺乏横向联系。新观念则主张将部门和部门之间的断层联系起来，反对部门内部的职务中心论，强调成员的合作性。

作为团队，必须满足三个条件：①自主性。成员能自主运作，不用逢事就向管理者请示。成员向管理者寻求帮助的次数越多，组织的自主性越差。②思考性。管理者下达意见、给出主张，是管理者在动脑筋，而被管理者则没有思考性。员工普遍具有独立的思考性是团队形成的必要条件。管理者过多地独自决策，容易抹杀公司员工的思考性。③合作性。俗话说："众人拾柴火焰高。"成员要善于和周围的人合作。

三、形成团队意识

为了团队目标的达成，成功的团队应该形成五种思想意识，即目标意识、集体意识、服务意识、竞争意识和危机意识。

（一）目标意识

目标意识强调目标到人，团队中每个人必须有明确的目标；强调个人目标与团队目标相结合，除完成项目任务外，每个人还必须有明确的自身发展目标，并将自己的发展目标和团队大目标有效地结合起来；强调各成员的责任心，按要求达到目标需要每个团队成员的高度责任心作保障。

（二）集体意识

集体意识要求形成集体成功观，将个人的成功融入集体的成功之中。只有团队成功，才谈得上个人的成功，而团队的失败会使所有人的努力付诸东流。此外，还要求形成有效的沟通文化，使团队中所有成员可以及时有效地沟通，相互理解。当团队中出现意见分歧时，分歧双方的基本态度应该是说服对方而非强制对方。裁决两种不同意见的唯一标准，是看哪一种意见更有利于推动团队活动的正常进行。

（三）服务意识

服务有面向客户的服务和面向团队内部的服务。团队成员应追求客户满意这一目标，而非技术高难、业界一流等指标，团队成员面向客户的态度可以决定团队目标的成败；团队成员还需具有面向团队内部的服务，只有具备服务意识，才有精诚团结的可能。

（四）竞争意识

引入竞争机制，形成人人都努力向前的团队氛围，使贡献大、责任大的成员得到丰厚的报酬，形成良好的导向。

（五）危机意识

危机意识是能看到人与人之间的差距，意识到环境的压力，感受到行业、市场的危机。居安思危，让团队和个人始终保持这种危机感，团队成员要清醒地认识到：竞争对手正在虎视眈眈地盯着我们，等着我们犯错误。只有在这种状态下，团队才能维系其团结，长久地立于不败之地。

◆ 相关链接

企业团队中的四个关键因素

如果把一个企业作为一支团队运作，那么在这个团队中，关键的四个因素——领导、沟通、销售、人际互动将决定团队的命运。

1. 领导

《高效团队24法则》中提到，世界上最伟大的橄榄球教练文斯·隆巴迪，虽不是企业界精英，也没有经营过数亿美元的公司，但是他将一支垃圾球队培养成一支冠军球队。他的成功领导经验为美国人甚至全世界管理者所敬佩。其实，一支球队所面临的考验和危机，也会类似地发生在其他组织之中。团队领导首先要认清自己的能力，然后培养自己的品德和诚信，最后向队员灌输求胜的意念，激励他们发挥出超越体能和职能的能力，那么他所领导的这支团队才可能有所收获。

一个领导在认清自己的优势和缺陷之时，首先要问自己一些问题：你的生活中有没有一个至高无上、愿意全身心投入的目标？你所做的一切是否有意义、有目标？通过提问，时刻保持头脑清醒。要想成为高效的领导者，必须勇于承担责任。这就需要有破釜沉舟的勇气。不要相信那些瞬间成功的神话。对于领导者来说，最重要的一点就是要记住——成功是你的领导才能所带来的最终结果。

2. 沟通

沟通是当今社会最频繁的工作之一。只有在合适的时间做合适的事情，成功沟通才会实现。以与客户沟通为例，著名的客户管理专家费迪南德·弗尼斯指出，客户才是最终的购买者，所以，每一次洽谈的核心思考应该是客户会采取什么样的行动，而不应该是沟通人员会采取什么举措。在与客户打交道的过程中，沟通人员要着眼于成为专业人员。获得哪个名牌大学的学位或者具有什么头衔，并不能保证就会成为一名专业人员。今天所做的事，也只能在今天称得上是专业人员。一位专业的沟通人员应该十分清楚：什么是客户感兴趣的、什么是其不感兴趣的、什么是其可能感兴趣的、什么是绝对要避免提及的。在与客户的沟通过程中，不可避免地会出现难以解决的问题，专业的沟通人员会主动地把问题提出来，并且站在客户的角度提出最优解决方案，用一种朋友的心态与客户沟通。这样既赢得了客户的信任，也为老板赢得了市场份额。

3. 销售

在当今商业世界，单单依靠产品知识或者技术专长来推销已不再奏效。作为一个开放便利的信息来源，互联网使客户得到了比以前更多的信息。在这种情况下，商家与客户对产品信息的了解程度，已经不占优势了。销售培训专家琳达·理查森指出，销售人员的作用不再是谈论产品，而是向客户传达一种信息，该信息融入了产品的特点、能给客户带来的益处以及你对产品的评价和观点，这些都要适合客户的需要。

多数销售人员都在使用盛行数十年的销售模式，即陈旧的、经实践证明已经失效的、一味强调产品特点和益处的模式。很多销售人员总是急不可耐地谈论自己的产品，一成不变地从某类产品而不是客户的角度开始谈话。现在，销售是一种要求更高的工作。在 21 世纪的客户关系中，销售人员必须转变自己的角色，也就是从"专家"转变为"资源提供者"。

4. 人际互动

在《职场人际24戒律》一书中，雷克·布林克曼博士列出了 10 种最不受欢迎的行为类型：坦克型、狙击手型、手榴弹型、万事通型、假万事通型、好好先生型、犹豫不决型、三缄其口型、否定型、抱怨型。坦克型的人激进而冷酷，会采取任何手段，毫不犹豫地消灭所有阻碍；狙击手型的人会因为某种原因把对方作为怨恨的对象，专挑其缺点；手榴弹型的人常常大发脾气，与现有的环境格格不入；万事通型的人滔滔不绝、口若悬河，但不愿意拿出一点点时间听别人的观点；假万事通型的人所知不多，但自己却从不这么认为；好好先生型的人表达赞成时非常快，发表自己的观点时却吞吞吐吐；犹豫不决型的人，在作重要决策时，总是不断推迟决定；三缄其口型的人，绝不会告诉对方想知道的任何事情，对方永远都不会得到反馈；否定型的人总是很消极，把别人引入悲观和失望中去；抱怨型的人总是沉迷于自己的烦恼中，不断地抱怨。因此，无论是团队中的个体成员还是人力资源主管，都要看清自己是不是这样的人、有没有在犯这样的错误，然后努力发掘身边每个人的优点，使大家的表现更加出色，使自己的团队更有竞争力、凝聚力。

资料来源：谢敏.管理能力训练教程（第二版）[M].北京：清华大学出版社,2012.

第三节 创业团队的重要性

团队和一般意义上的工作群体不同，在工作群体中成员虽然彼此相互熟悉，认同对方是其所在整体的一员，在工作中也有一定的相互影响，但各工作成员之间相对独立地完成所分配的任务（Schein，1980）。作为一个团队，它除了具有一个工作群体的某些特征之外，还包括团队成员彼此协作以完成任务，每个人对共同绩效目标的达成都负有责任，而在群体中，群体的绩效可以认为是单个个体绩效之和。此外团队较之群体，其在信息共享、角色定位、参与决策等方面也进了一步（Katzenbach and Smith，1993）。阿代尔（Adair，1986) 指出，团队和群体之间最重要的区别在于：在一个团队中，个人所做的贡献是互补的；在群体中，成员之间的工作在很大程度上是可以互换的。所以，团队存在于一定的组织之中，但由于团队自身文化价值观、凝聚力等因素的影响又使团队超越个人和组织之外。

许多研究和实践都证明了团队的工作方式能够有效提高企业绩效。罗宾（Robbin，1996) 认为在企业中采用团队形式至少有以下几方面的作用：①能促进团结和合作，提高员工的士气，增加满意感。②使管理者有时间进行战略性的思考，而把许多问题留给团队自身解决。③提高决策的速度，因为团队成员离具体问题较近，所以团队决策的速度比较迅速。④促进成员队伍的多样化。⑤提高团队和组织的绩效。

越来越多的证据表明，一个好的管理团队对风险企业的成功起着举足轻重的作用，是企业通向成功的桥梁。在新型风险企业的发展潜力（以及其打破创始人的自有资源限制，从私人投资者和风险资本支持者手中吸引资本的能力）与企业管理团队的素质之间有着十分密切的联系。

新创立的公司既可能是一个仅为创始人提供一种替代就业方式、为几个家人和几个外人提供就业机会的公司，也可能是一个具有较高发展潜力的公司。两者之间的主要不同点在于是否存在一支高素质的管理团队。一个团队的营造者能够创建出一个组织或一个公司，而且是一个能够创造重要价值并有收益选择权的公司。当然，并不是说没有团队的风险企业注定会失败，但可以说要建立一个没有团队而仍然具有高成长潜力风险的企业却极其困难。

在一项关于"128 公路 100 强"（是指波士顿市郊地区沿着 128 公路，包括新型风险企业在内的 100 家顶级公司）的调查中得出了下列统计结果：一些成立

5 年的企业平均年销售额达到 1600 万美元，成立 6 ～ 10 年的企业平均年销售额达到 4900 万美元，而那些更为成熟的企业则可达到几亿美元的销售额，收入十分可观。在这 100 家企业中，70% 的企业有数位创始人。被调查的 86 家企业中 38% 的企业有 3 位以上的创始人，17% 的企业创始人在 4 位以上，9% 的企业创始人在 5 位以上，还有一家公司是由一个有 8 个人的团队创建的。

过去对于创业者多着重于个人创业家的人格特质和行为的研究，即将创业视为单一创业家的活动，借由成功创业家的身上找出一些特定且具代表性的人格特质和行为，来预测一个人未来是不是成功的创业家以及创业的绩效。然而，越来越多的调查结果显示，创业团队比个人创业家更能解释创业绩效。除此之外，创业团队之所以会兴起并越来越为人们所重视，得力于当代相关创业背景的推波助澜。当代社会提倡"合作式的创业精神"，各国并以此作为解决国家竞争力的重要途径。美国国情专家罗伯特·莱许（Robert Reich）曾撰文总结过："经济的成功来自具有天分、热情和共识的团队所创造，而非透过个人英雄创业家的述思。"

当代高科技创业的蓬勃兴起，更容易凸显创业过程中创业团队的重要性，这主要与科技产业的产业特性有关。在高科技创业的历程中，由于所需的技术能力往往单凭创业者一个人是不够的，必须要有各种不同的人员才能拥有足够的技术、能力、资源来共同应对激烈的竞争环境。因此，在创业的初期通常是以创业团队的形式，由两个以上的成员共同创业。创业团队对高科技创业企业的影响是极为重要的，很多数据与个案显示，能否拥有并维持一个优良的创业团队，是影响高科技创业企业成功与否的最大因素。

创业团队对企业的成功有着重要的影响，一项针对美国在 20 世纪 60 年代创办的 104 家高科技企业的研究报告指出，在年销售额达到 500 万美元以上的高成长企业中，有 83.3% 是由创业团队建立的。

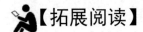

【拓展阅读】

猴子垒墙

森林王国举办职业技能大赛，三只小猴比赛垒墙。比赛规则是先把土坯垒成墙，然后在墙的外面抹上一层白色的泥，看谁垒得又快又好。

比赛开始了。

第一只小猴想，反正外面要抹一层白泥的，里面用不用泥没关系。于是他没有用泥作黏合物，就直接把土坯垒在了一起，然后在外面抹了白色的泥。在垒土坯的时候，中间还坍塌了两次，不过最后终于完成了。

第二只小猴想，反正外面要抹一层白泥的，里面好不好看没关系。于是他用泥将土坯一块块黏合在一起垒成了墙，根本没有考虑土坯与土坯之间的咬合，然后也在外面抹上了一层白色的泥。在垒土坯的时候，中间坍塌了一次。

第三只小猴没有多想，比赛一开始他就有条不紊地开始了自己的工作。他首先把要垒墙的地方铲平了，然后开始把土坯一层一层地垒上去。在垒墙的过程中，他不仅把用来黏合土坯的泥抹得非常均匀，而且还十分注意土坯与土坯之间的咬合与连接。墙垒好以后，他也认真地在墙的外面抹上了一层白色的泥。

大约两小时后，三堵外表几乎一模一样的墙立在了大家的面前。三只小猴分别站在自己的作品前，等待评委们的评判。评委会由狐狸、小兔和从森林外面请来的老牛组成。评判从第一只小猴的墙开始，大家先围着墙转了一圈。突然，评委老牛打了个喷嚏，第一只小猴的墙应声倒塌了。吓得狐狸赶紧往旁边躲，不小心撞上了第二只小猴的墙，第二只小猴的墙也倒了，差点把小兔的脚给砸了。只剩下第三只小猴垒的墙了，老牛走到墙跟前用他那强壮的身体使劲撞去，墙依然屹立在那里。结果自然是第三只小猴得了冠军。

为什么三堵外表几乎一模一样的墙，有的使劲撞都撞不倒，有的一个喷嚏就给打倒了？其原因在于墙的内部结构不同。其实，在企业管理过程中，我们也经常碰到类似的情况。我们可以把三堵墙分别看作三个不同类型的团队。

第一只小猴的墙所代表的团队只是一个简单的人的集合体，大家相互之间几乎没有什么关系，只是被一种外在的因素简单地联系在了一起，成员之间几乎没有任何的沟通与协作。这样的团队是没有丝毫战斗力的，更谈不上什么团队精神了。

第二只小猴的墙所代表的团队虽然有着一定的制度和原则把团队成员联合在

了一起，但团队成员之间缺乏有效的配合与协作，他们之间的联系与合作是被动的，是在团队制度与原则的强迫之下实现的。这样的团队也没有形成巨大凝聚力和竞争力的条件，是无法抵御和承受外来冲击的。

第三只小猴的墙所代表的团队不仅有保证团队运转的制度与原则来维系团队成员之间的关系，而且团队成员之间通过有效的沟通与合作紧密地凝结在一起，形成巨大的凝聚力与竞争力。换句话说，他们之间的结合就像发生了化学反应，通过这种化学反应彻底融成了一体。一旦有外界力量撞击到它的任何一点的时候，它是以整体的力量回应的。这也正是老牛为什么撞不倒第三堵墙的主要原因。我们通常把这种凝结在一起的团队力量叫做团队精神，团队精神来源于团队成员之间的信任、沟通、协作、配合。

要打造出一个优秀的团队，每一个团队成员都必须具备相互信任、沟通、协作与配合的精神，并在此基础上形成巨大的凝聚力和竞争力。在一盘散沙般的团队中，即使个个都有单打独斗的高强本领，也不可能取得战无不胜的成绩。因而，一个企业要想成功，就必须把沟通与合作精神作为考察、吸纳团队成员的主要因素。团结才有力量，成员的团结是塑造团队精神的前提，一个企业只有具备了团队精神才有战无不胜的可能。一堵推不倒的墙，其内部的结合必然是紧密、和谐的！

资料来源：樊宇明. 猴子垒墙 [J]. 公关世界，2009（4）.

📖【能力训练】

1. 搜集优秀创业团队案例，分析它们的共同点。

2. 分析《西游记》中唐僧、孙悟空、猪八戒、沙和尚这支取经团队中各成员的特点及其对完成团队任务的作用。

3. 在创建创业团队时应该注意哪些方面的问题？

第六章 建设创业团队

小故事大道理

鱼和鱼竿

从前，有两个饥饿的人得到了一位长者的恩赐：一根鱼竿和一篓鲜活硕大的鱼。其中，一个人要了一篓鱼，另一个人要了一根鱼竿，于是他们分道扬镳了。得到鱼的人原地就用干柴搭起篝火煮起了鱼，他狼吞虎咽，还没有品出鲜鱼的肉香，转瞬间，连鱼带汤就被他吃了个精光，不久，他便饿死在空空的鱼篓旁。另一个人则提着鱼竿继续忍饥挨饿，一步步艰难地向海边走去，可当他已经看到不远处那片蔚蓝色的海洋时，他浑身的最后一点力气也用尽了，只能眼巴巴地带着无尽的遗憾撒手人间。又有两个饥饿的人，他们同样得到了长者恩赐的一根鱼竿和一篓鱼，只是他们并没有各奔东西，而是商定共同去找寻大海，他俩每次只煮一条鱼，经过遥远的跋涉来到了海边，从此，两人开始了捕鱼为生的日子。几年后，他们盖起了房子，有了各自的家庭、子女，有了自己建造的渔船，过上了幸福安定的生活。

*启示：*团队成员之间技能互补可提高驾驭环境不确定性的能力，降低新创企业的经营失败风险，建设这样的团队去创业有利于分散创业的失败风险，这样的团队创业具有更强的资源整合能力，能同时从多个融资渠道获取创业资金等资源，保证创业企业的成功。

【学习目标】

◇ 理解领导者与执行者的角色定位
◇ 掌握创业团队的组建原则和组建方式
◇ 掌握学习型团队的基本方法
◇ 理解培养核心能力的重要性
◇ 理解营造团队文化的相关条件

【章首案例】

红龙机器人的创业团队组建

2011 年，七个年轻人因为共同的创业梦想走到了一起。他们中间有两名博士后、两名博士以及三名硕士，且都毕业于北京航空航天大学机械工程及自动化学院，大多有海外留学或者工作经历。2011 年 3 月，北京德创红龙机器人科技有限公司成立了。这群充满激情的年轻人带着"基于离线编程仿真技术的工业机器人集成应用"的创业项目获得了多个创业计划大赛的大奖，也叩响了他们青春梦想的大门。

拥有多项发明专利的罗红宇目前担任公司的总经理，负责公司日常管理、研发、产品定位、市场推广等大小事务。创业让 34 岁的他比同龄人更多了几分坚毅和睿智，"我们平均每天要工作 14～16 小时"，他眉宇间透露出些微疲惫，但只要谈到关于"创业和梦想"的话题，他就立马精神焕发，神采奕奕。

目前，由罗红宇带领的红龙机器人团队已成功开发加工机器人仿真和后置处理的软件 RobotCAX、三维数控弯管机仿真系统、数控双轮强力旋压机数控系统、国防某型零部件柔性工装数控系统、面向航空航天制造的自动化钻铆设备等众多项目，得到了多个品牌客户的认同与信任，并建立了长期的合作关系。他们的快速起步得益于优秀的研发团队，现在红龙机器人科技有限公司的研发团队核心成员均拥有博士学历，并且具有海内外知名大学机械自动化等相关专业背景，这成为他们创业之路上强有力的支柱。

如何整合这些人力资源来组建一支优秀的创业团队呢？如何能形成 1+1>2 的合力呢？罗红宇说，"首先一定要拥有共同的价值观，要有共同创业的激情"。在他们七人的创业团队中，除了他之外，都是"80后"，在没有创业之前，大家的生活也存在一些交集，虽然有各自的领域专长和兴趣爱好，但是共同的梦想把他们凝聚在了一起，"创业确实是件痛苦的事儿，但是大家都是北航人，都想做点事情，彼此也非常信任，所以也不觉得累，相反这种彼此的心理支持让我们觉得非常有动力"。

对高学历创业团队来说，具有相同的价值观非常重要。现实中很多高学历的创业团队选择的都是自己的大学同学或彼此熟悉的人来一起创业。如俞敏洪在决定将新东方公司做大做强之前，就不远万里奔赴美国，将王强、徐小平请回来。阿里巴巴的"十八罗汉"也大多是马云原来的学生和下属，自创业至今，他们为阿里巴巴成为一家顶级的中国电子商务公司立下了汗马功劳。因此，选择相对熟悉、拥有共同价值观的创业伙伴，比那些相互陌生的创业团队能更有效地进行沟通和互动。在能力和经验方面，他们的专业技能领域非常相似，在做决策的时候更容易达成一致。

其次一定要有核心领军人物。罗红宇作为红龙机器人团队中最年长的人，在专业领域也拥有非常丰富的经历。他长期从事机械工程及自动化领域研究工作，对非标设备研制、产品开发和系统集成具有丰富的经验，和美国通用集团公司、国内各大飞机设计研究所及飞机制造厂、国内各大钢厂以及数家民营企业开展了广泛而深入的合作，主持研制开发了数十套测试设备、生产设备和软件系统。另外他本人性格沉着冷静，魄力十足，且组织协调能力突出，因此由他来带领整个创业团队最合适不过。

一般来说，高学历人才在组建创业团队时，往往以出资最多或最早识别创业机会的人作为团队领军人物。这种方式过于简单，通常忽略了核心人物的个人素质和综合能力。事实上，核心领军人物应该是一个拥有个人魅力的角色，不仅需要有丰富的社会经历，而且具备凝聚力；不仅要有影响力，还要有亲和力。他要懂得发挥集体和团队的力量，要了解如何调动团队成员的积极性。马云就是一个很好的例子，有人说："'十八罗汉'除马云外大部分不为人知晓，正是这样的团队执行力才会很强，因为他们会埋头做事。"这也说明了马云作为核心领军人物的特殊魅力。

另外，需要注意的一点是，高学历人才组建创业团队时要注意挑选优势互补的成员。团队成员的"差异化"将会形成一股合力，具有成熟的社会和职业关系网的成员会为创业注入一剂良药；具备核心专业技术专长的人才会推动新创企业不断向前发展；具备创业经验的成员也会让创业团队少走很多弯路，为日后的蓬勃壮大奠定基础。在红龙机器人创业团队中，不仅有长期从事加工工艺过程仿真技术，对材料特性、加工工艺、有限元技术和工艺仿真技术有着深入研究的博士、硕士，还有精通销售、市场推广、财务管理、法律咨询等方面的专业人才。从人力资源管理的角度来看，这样一个优势互补、专业能力完美搭配的"异质性"创业团队是保持团队稳定发展的关键。

资料来源：董青春. 高学历人才如何组建团队 [J]. 科技导报，2013（35）.

【理论知识】

团队建设的好坏，象征着一个企业后继发展是否有实力，也是这个企业凝聚力和战斗力的充分体现。建设创业团队是指为了实现团队绩效及产出最大化而进行的一系列结构设计及人员激励等团队优化行为。

第一节 优秀的团队领导

俗话讲得好，"火车跑得快，需要头来带"，这就是团队领导在创业过程中的重要性。如果这个"头"不懂怎么带领团队，那么团队就会出现这样或那样的问题。在实践中，中国很多成功的企业家，并不是科班出身，但是为何能将企业做大做强，原因就在于其带领团队的能力。因此，在团队建设中，选拔或培养优秀的团队领导是其首要任务。

一、团队领导及其类型

（一）团队领导

团队领导是为团队提供指导，并为团队制定长远目标，在适当的时候代表团队处理与组织内其他部门关系的角色。它属于这个团队中的一员，并且从团队内部施加影响。

（二）团队领导的类型

按不同的划分标准，团队领导可以分为不同的类型。

按特征可以将团队领导分为两种类型。一种是"符号型"的管理者。这种人因为头衔高、办公室大，且自以为拥有权威，所以他们动辄训斥、命令属下，部属或许表面听话，事实上却不见得会按照其吩咐去做。另一种则是真正的领导者。他未必头衔高，也不一定有自己的办公室，处事也不见得强势，但以沟通与效率来完成领导工作。他的指令会让下属听得进去，心悦诚服地完成工作目标。

按团队领导行使权力的模式可以分为三种。一是压低权力型的领导者。这种领导通常都是菜鸟主管，也许刚被晋升，或者属于老是不习惯自己领导者身份的人。压低权力型的领导者希望能赢得别人的友谊、能让人喜欢，因而经常不自觉地放软身段，希望能给予部属平易近人的感觉。压低权力型的领导者有很大的危机，他的话会逐渐失去应有的分量，甚至因为太害怕得罪人而减缓决策的速度与力度，最后成为员工心目中优柔寡断、没有肩膀的没用主管。二是放大权力型的领导者。这种人会夸大自己的权力，态度强悍。和压低权力型的领导者相反，其典型的行为是责骂人毫不留情，而且相当自我本位，好像全世界只有他是对的。三是尊重权力型的领导者。这种上司通常使用"我们"作为沟通模式，能妥善协调上下关系，以期顺利完成工作目标。他愿意鼓励部属提出想法，照顾员工并适时提出奖励。尊重权力型的领导者通常拥有真正的自信，所以能广纳谏言。同时，这种上司自我督促的自觉性非常强，能减少自我中心的行为及判断。

二、团队领导执行力与执行的三个关键因素

执行力，对个人而言，就是把想干的事干成功的能力；对于企业来说，则是将长期战略一步步落到实处的能力。

把想干的事干成功，对于企业来说有三个关键因素：其一，好的机制是成功的一半。现代企业管理机制的搭建十分重要，作为团队的管理者，为了使执行工作达到好的效果，应该致力于管理机制的建立和优化。在执行一项任务前，首先应该确定：谁来执行？怎么执行？谁向谁汇报？汇报频率是多少？执行目标是什么？如何考核？其二，监督与考核是有效执行的前提。为了更好地贯彻"红绿灯机制"，十字路口必须安装录像探头和交警对违规现象进行处罚。有了监督和考核，交通违法现象就会减少，而缺乏监督和考核，即使有红绿灯，也不管用。企业管理和交通管理有共通之处。一个企业一旦没有了考核机制，出错率就会高，优秀的人和事就会少，最终导致企业衰败。其三，执行有赖于企业科技水平的提高。随着智能化办公系统、客户关系管理系统、企业资源计划系统等科技化、信息化手段的应用，企业执行的难度减小，执行的规范化、精细化程度提高。

每个读过《致加西亚的信》的企业领导都希望员工像罗文一样，将使命执行到底。培养员工不折不扣的执行精神是很好的事情。不过，根据80/20原则，企业优秀的员工（那种像罗文一样具有执行力的员工）不可能比例过高，大部分是普通的员工。那么，作为管理者，更重要的任务是应该让这些普通员工很好地执行任务，实现企业的目标。假设能通过科技化的手段将罗文送信过程中的重重困难减掉，那这项重任将是很多员工都能胜任的。所以，作为团队的管理者在培养员工执行力的同时，还要想方设法地引入科技化的手段，简化流程，使执行简单化，从而使普通员工也能完美执行任务。

三、造成执行力不高的原因

造成执行力不高的原因，一是管理者没有持续跟进。大的方面是，对政策的执行不能始终如一地坚持，常常虎头蛇尾；小的方面是，有布置而没有检查，或检查工作时前紧后松，跟进不力。二是制度出台时不够严谨。有些方案没有经过充分的论证就出台了，缺少针对性和可行性，或者过于烦琐而不利于执行，结果导致政策变换比较频繁，连续性不够。三是在执行的过程中，业务流程过于烦琐，形式的东西过多。当组织成功发展时，常常更加注重形式、更加官僚化、离客户更远。四是在执行过程中缺少良好的方法。如沟通协调不好、成员创造性解决问题的能力还有待提高、没有积累、培训的有效性不足等。五是缺少科学的监督考核机制。六是组织的执行文化还没有完全形成。

四、如何提高执行力

其一，设立清晰的目标和实现目标的进度表。这个目标一定要可衡量、可检查，不能模棱两可。再者，目标一旦确定，一定要层层分解落实。

其二，找到合适的人，发挥其潜能。执行的首要问题实际上是人的问题，因为最终是人在执行组织的策略，并反射组织的文化。柯林斯在《从优秀到卓越》中特别提到要找"训练有素"的人，要将合适的人请上车，不合适的人请下车。

其三，修改和完善规章制度，搭建好组织结构。组织达到一定规模，只能通过规则约束。规则是组织执行力的保障。制度的制定与执行、检查与处理四者之间的互动，能带给组织良性的发展。

其四，倡导"真诚、沟通"的工作方式，发挥合力。有人进行过调查：组织内存在的问题有70%是由于沟通不力造成的，这70%的问题完全可以由沟通得到解决。我们每个人都应该从自己做起，看到别人的优点，接纳或善意提醒别人的不足，相互尊重、相互激励。

其五，关注细节，接长短板。制定战略时，更多的是发挥"最长的指头"的优势，而在具体的执行过程中，要切实解决好"木桶效应"问题。执行力在很大程度上就是认真、再认真，从细节上予以改正、提高。

其六，建立有效的绩效激励体系和灵活的团队。为更好地提高执行力，建立灵活的团队并辅以有效的绩效激励体系是必要的。

其七，营造执行文化。营造执行文化要讲求速度，崇尚行动的雷厉风行，不拘泥于小节，允许小的失误；强调团队协作，各司其职，分工合作，推崇直接沟通；强调责任导向，提倡"管理者问责"，出了问题要找出其原因并分清主要责任；建立绩效导向，拒绝无所作为，关注结果，赏罚分明；继承传统文化精髓，只有在继承基础上的革新才会事半功倍；形成用人文化，人才引进要严格把关，力争将不认同企业文化的人挡在门外；营造爱心文化，相互尊重，相互鼓励，乐于分享，共同成长。

如今像罗文这样的人少之又少，为什么呢？真正的原因并不是大家不想做事情，不想把事情做好，而是思想上存在瓶颈。主管给他的任务有一个，但他的问题却有十几个。如"我忙，没空！""人少，没办法做到！""能做到这样已经不错了，不要太理想化了！""我的下属理念太差，我也没办法。""让某某做可能会更好"等。他提出这些问题不外乎有以下几种目的：摆困难，让管理者降低要求；摆完困难，让管理者觉得别人做会更好，那么他就可以偷闲了；有言在先，万一事情没办妥，不能完全怪他，管理者会体谅他；希望管理者帮他解决困难。

或许这时候有人会问：难道上司下达任务的时候，我们只能说"没问题"，其他什么都不能问吗？当然不是！假如主管让你到 A 城送材料，而你不知如何到达 A 城，顺便问一下主管 A 城在哪里，如何搭车，省得到处找、到处问，如此可以提高工作效率，何乐而不为呢！可是如果连主管也不知道呢？一切都得自己解决！如果你不能帮助主管解决一些难题的话，那要你又有何用呢？

我们一直都在推崇罗文——将信送给加西亚的人，却忽略了两个重要人物：派罗文去送信的人——美国前总统麦金莱和推荐罗文的人——前情报局长阿瑟·瓦格纳上校。千里马不多，伯乐更少。如果没有阿瑟·瓦格纳和麦金莱的慧眼识英才，也不可能有罗文去送信。这个事例引导我们要了解每个主管、每个员工的优势，让每个人去做最合适的、能发挥最大才能的工作。

◆ 相关链接

从唐僧师徒谈领导者魅力

以历史文学名著《西游记》中的唐僧师徒为例，阐述创业中领导者的重要性以及领导者的魅力所在，目的是使准创业者明白自己身上肩负的责任。

无论是怎样的团队，都有一个核心人物，就是这个团队的领导者，在企业初创期，创业者就是领导者。而一个团队的绩效如何，关键也取决于这个领导者的胸怀和魅力。

1. 创业领导者的角色与行为策略

创业团队的领袖是创业团队的灵魂，是团队力量的协调者和整合者。

最令人敬佩的团队是《西游记》里的师徒四人，他们历经磨难，实现了最后的目标。四大名著中，只有《西游记》中师徒四人是一个成功的团队，其他的到最后都是一盘散沙。究其根本原因，是他们拥有一个好领导——唐僧。

2. 领导者的个人魅力表现

从唐僧师徒团队来看领导者的个人魅力，主要表现在以下几点。

（1）优秀的协调者。唐僧不高估自己，有自知之明，他不会用自己的短处来应对这个世界，这就是他的长处。领导不需要专业技能特别优秀，但他要善于把最优秀的人集合到自己手下，让他们为自己工作。

（2）对下属宽容。唐僧对自己的徒弟很宽容，特别是对最重要也是最有个性的孙悟空。

（3）善于用人。领导者要让每个下属的长处都有施展的空间。唐僧就很好地发挥了他三个徒弟的长处。一个团队需要个性化的成员共存，二八理论应用在团队中是指 80% 的工作是由 20% 的人做出来的，剩下的 80% 的人只做 20% 的工作。

（4）有明确的愿景目标。唐僧对团队的目标坚定不移，信心坚定。有位管理学家说过：用一句话来概括领导，就是为团队成员提供一个愿景目标，下属也都愿意跟随一个有愿景的领导。

（5）心态平和，不急功近利。唐僧遇到阻碍不灰心，取得成绩不沾沾自喜，一步一步接近自己的目标，始终保持良好的心态。这是领导者魅力的核心部分，因为一个领导者遇到的困难要比任何一个下属遇到的都要多、都要严重。

（6）对下属恩威并重。唐僧对每一个徒弟都有恩情，但对他们从来都是赏罚分明。

（7）有贵人相助。人脉关系是领导者至关重要的资源，充分利用这个资源有利于团队目标的实现。关键时刻，观音菩萨出手，有助于唐僧师徒实现自己的目标。

（8）形象好。团队形象最主要取决于领导的形象，这个形象是指外在和内在的结合。保持良好的形象是领导者必备的素质之一。

资料来源：李肖鸣，朱建新.大学生创业基础（第二版）[M].北京：清华大学出版社，2013.

第二节 互补的团队成员

一、创业团队的组建原则

组建创业团队，首先应考虑创业计划实施过程中所需人员应具备的知识与能力，从而按照实际需要组织能够担当各种职能的团队成员。组建创业团队一般要遵循以下原则：树立正确的团队理念，确立明确的团队发展目标，建立责、权、利相统一的团队管理机制。

（一）人数合理

一般而言，创业团队的人数控制在 3～5 人为宜。刚开始创业的时候，往往会碰到很多意料之外的问题，人少了，团队的群体效应没发挥出来，人多了，团队思想不容易统一。人数合理，便于领导与任务分工协调的有效开展，保证各项工作完成的速度和质量，提高办事效率，占据有利的市场地位。

（二）技能互补

团队应包括的基本人才有管理型人才，负责团队工作调配与应急事务的处理等；营销型人才，负责创业计划书的起草修正及市场调研推广等；技术型人才，负责创业项目研发、技术支持和专业服务等。创业团队基本构架如图 6-1 所示。

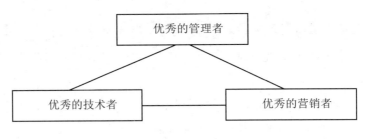

图 6-1 创业团队基本构架

（三）目标统一

目标在团队组建过程中具有特殊的价值。首先，目标是一种有效的激励因素，既能帮助团队成员看清未来发展方向，又能激励创业团队勇于克服困难，取得胜利。其次，目标是一种有效的协调因素。《孙子兵法》曰："上下同欲者，胜。"团队中的人个性、能力有所不同，只有真正目标一致、齐心协力才能取得最终的胜利与成功。

二、创业团队的人员选择

创业团队必须在创业前慎重选择成员。

（一）加入目的

团队成员基于哪个层次需要的目的而加入团队，对其在组织中的行为方式起着决定性作用。因此，在组建团队时，要选择那些有志于创业、关注企业的未来发展、目标远大的伙伴。

（二）知识结构

在一支创业团队中，成员的知识结构越合理，创业的成功概率越大。纯粹由技术人员组成的创业团队容易形成以技术为王、产品为主的状况，从而使产品的研发和生产与市场脱节；全部由市场营销人员组成的创业团队则会缺乏对技术的领悟力和敏感性，容易迷失发展方向。因此，创业团队在成员选择上一定要充分注意人员的知识结构，兼容技术开发、企业管理、市场营销等不同方面。

（三）兴趣爱好

创业团队在形成时，往往会被美好的创业前景所吸引，而忽略成员的个性特征。创业初期，大家同甘苦、共患难，怀着满腔的创业热情而工作，团队成员在性格上的差异和处理问题的不同态度就容易被掩盖。一旦企业发展到某个阶段的时候，由于个性冲突而导致的矛盾就会激化，使创业团队出现裂痕。所以，在选择创业伙伴时应该仔细判断，慎重选择。

（四）价值观念

创业团队成员的价值观念和道德品质决定了企业文化的形成。企业文化的源头是企业创始人自身价值观念的体现。创业团队形成之前，成员之间必须通过深入交流和充分的了解。只有价值观念相近的人在一起组成团队，企业才能发展得更好。

三、创业团队的组建方式

组建创业团队的形式主要有合伙制、公司制两种。

（一）合伙制

合伙制由合伙人订立合伙协议，共同出资、合伙经营、共享收益、共担风险，并对债务承担无限连带责任。创业团队采取合伙制是一种过渡型创业模式，有利于将创业中的激励机制与约束机制有机结合起来。合伙人执行合伙企业事务有两种形式：由全体合伙人共同执行合伙企业事务，或委托一名或数名合伙人执行合伙企业事务，这种创业模式比较自由灵活，启动资金少，创业者可抓住消费群体特点来确定行业，降低了创业风险。

（二）公司制

公司制是采取设立有限责任公司或股份有限公司的形式组建创业团队，运用公司的运作机制及形式进行创业，公司制能有效集中资金进行投资活动，以自由资本进行投资有利于控制风险；投资收益可以根据自身发展需要，做必要扣除和提留后再进行分配；随着业务的快速发展，可以申请进行改制上市，使投资者的股份可以公开转让而以所得资金用于循环投资。组建一个高效的创业团队是成功创业的基础，创业团队理念和团队成员的素质是实现公司远景的关键。优秀创业团队日渐形成的、高绩效的、卓越的团队风格会逐渐演变成一种传统，形成企业文化。

第三节　打造学习型团队

学习型团队是一个能熟练地创造、获取和传递知识的组织，同时也要善于修正自身的行为，以适应新的知识和见解。当今世界上任何团队，不论遵循什么理论进行管理，主要有两种类型，一类是等级权力控制型，另一类是非等级权力控制型，即学习型团队。纵然制度的条条框框为团队的管理与组织的发展立下了汗马功劳，但一味地按条条框框办事就易沦为故步自封的状态。为团队成员建立一种启发创造性和冲破框架的环境条件，鼓励创新精神，开发突破性的解决方案与策略，会为团队创造更多意想不到的机会。

一、学习型团队的概念

美国学者彼得·圣吉 (Peter M.Senge) 在《第五项修炼》(*The Fifth Discipline*) 一书中提出学习型组织 (Learning Organization) 这一管理观念，即企业应建立学习型组织，其含义为面临变化剧烈的外在环境，组织应力求精简、扁平化、弹性因应、终生学习、不断自我组织再造，以维持竞争力。所谓学习型团队，就是通过强调团队精神，通过团队和成员的持久修炼，在学习上改变自己，使团队成为具有典型性的组织。学习型团队理论认为一个组织（或团队）所具有的唯一持久的竞争优势，是具备比竞争对手学习得更快的能力。

学习型团队的"学习"并非仅指获取知识，其理论强调的是创新。它分析了传统思维方式的一些弊端（如局限思考、归罪于外部原因等）后，提出培养能看出产生问题背后的症结所在，并具有从根本上解决问题能力的团队。过去讲竞争优势在人才，现在认为竞争优势在团队，强调组织中的团队活动形式和团队精神。学习型团队的建立是一种艺术，是一种调动组织潜能的艺术。

彼得·圣吉在《第五项修炼》一书中把他的理论归纳为"五项修炼"，圣吉认为学习型团队要通过修炼来完成，这五项修炼是个有机体，相互作用、相辅相成、缺一不可。我们也将其称为学习型团队的五项要素。

（一）建立共同愿景（Building Shared Vision）

团队的共同愿景是团队成员共同追求的理想，它来源于团队成员的个人愿景，而又超越个人、高于个人愿景；它是团队成员在倾心交流、理性分析的基础上逐渐融汇出的集体愿景，而又不是个人愿景的简单汇总。

共同的愿景为团队的学习提供了焦点和能量，可以凝聚团队上下的意志力，使不同个性的人凝聚在一起，朝着组织共同的目标前进，并创造出不平凡的业绩来。

优秀的创业团队因共同愿景而可以心往一处想、劲往一处使，所以，团队运作协调，生产与管理进行得有条不紊，进而会带来好的产品、好的服务品质以及好口碑和企业的长远发展。而那些缺乏共同愿景的团队，必然是内耗大、事端多、生产与管理混乱，随之其产品与服务品质以及企业形象也会越来越差。

（二）团队学习（Team Learning）

所谓团队学习，是指发展团队成员整体搭配与实现共同目标能力的过程。它建立在发展"自我超越"及"共同愿景"的修炼上，是学习型组织进行学习的基本组成单位。

团队学习有利于单位成员之间的互相学习、互相交流、互相启发、共同进步。

通过团队学习可以找出个人弱点，强化团队向心力。因此，团队智慧应大于个人智慧的平均值。对组织与个体来说是双赢的选择，也是双赢的结果。

（三）改变心智模式（Improve Mental Models）

组织的障碍，多来自个人的旧思维，例如，固执己见、本位主义，唯有通过团队学习以及标杆学习，才能改变心智模式，有所创新。

其实，"心智模式"是一种思维定式，我们这里所说的思维定式并非一个贬义词，而是指我们认识事物的方法和习惯。当我们的"心智模式"与认知事物发展的情况相符时，就能有效地指导行动；反之，当我们的"心智模式"与认知事物发展的情况不相符时，就会使自己好的构想无法实现。所以，我们要保留"心智模式"科学的部分，完善不科学的部分，取得好的成果。

（四）自我超越（Personal Mastery）

"自我超越"包括三方面的内容：建立愿景，看清现状，实现愿景。愿景是指"一种愿望、理想、远景或目标"。个人愿景应是个人生命真正想要达成的那个东西。但个人愿景不应与组织的愿景相矛盾。组织的每个成员都有了愿景，就有了动力，才能活出生命的价值。"看清现状"就是要面对现实，看清现状与愿景间的距离，从而产生"创造性张力"，以缩小现状与愿景间的距离。"实现愿景"是指由创造性张力引发创造性工作，从而改变现状，缩小现状与愿景间的差距，使之逐渐靠拢而最终实现愿景。

"自我超越"的关键是在原先的愿景实现后，又培育起新的愿景。随着愿景的不断提升，又产生出新的"创造性张力"。团队成员都有了自我超越能力，那么创业团队也就有了力量的源泉。因此，通常说"自我超越"是团队生命力的源泉。"自我超越"是一个过程，而不是目的，目的是要实现愿景。

（五）系统思考（System Thinking）

"系统思考"就是要从整体而不是片面地去分析问题；要能透过现象看出产生问题背后的本质，而不是就事论事；要能找到解决问题的根本解而不是暂时缓解问题的症状解。系统思考告诉我们，要了解重要的问题，我们的眼界必须高于只看个别事件的状态，必须了解影响行动背后的本质。系统思考是见识，也是能力。当然，这种能力的培养是逐渐的，不是一蹴而就的。

圣吉主张"学习型组织"通过五项修炼形成，而"系统思考"则是其他四项的基石。

二、学习型组织的意义

学习型组织理论认为，在新的经济背景下，企业要持续发展，必须增强企业的整体能力，提高整体素质。也就是说，团队或企业的发展不能只靠领导者一夫当关、运筹帷幄、指挥全局，未来真正出色的团队将是能够设法使各阶层人员全新投入并有能力不断学习的团队——学习型团队。

首先，学习型组织解决了传统企业组织的缺陷。传统企业组织的主要问题是分工、竞争、冲突、独立，降低了组织整体的力量，更为重要的是传统组织的注意力仅仅关注于眼前细枝末节的问题，而忽视了长远的、根本的、结构性的问题，这使得组织的生命力在急剧变化的世界面前显得十分脆弱。学习型组织理论分析了传统组织的这些缺陷，并开出了医治的"良方"——"五项修炼"。

其次，学习型团队为组织创新提供了一种操作性比较强的技术手段。学习型组织提供的每一项修炼都由许多具体方法组成，这些方法简便易学。此外，圣吉和他的助手还借助系统思考软件创建起实验室，帮助企业管理者在其中尝试各种可能的构想、策略和意境的变化及种种可能的搭配。

再次，学习型组织理论解决了企业生命活力问题。它实际上还涉及企业中人的活力问题，在学习型组织中，人们能够充分发挥生命的潜能，创造出异乎寻常的成果，从而由真正的学习体悟出工作的意义，追求心灵的成长与自我实现，并与世界产生一体感。

最后，学习型组织提升了企业的核心竞争力。过去讲的企业竞争力是指人才的竞争，学习型组织理论讲的企业竞争力是指企业的学习力。在知识经济时代，获取知识和应用知识的能力将成为竞争能力高低的关键。一个组织只有通过不断学习，拓展与外界信息交流的深度和广度，才能立于不败之地。人们可以运用学习型组织的基本理念，去开发各自所置身的组织创造未来的潜能，反省当前存在于整个社会的种种学习障碍，使整个社会早日向学习型社会迈进。或许，这才是学习型组织所产生的更深远的影响。

尽管学习型组织的前景十分迷人，但如果把它视为一贴万灵丹药则是危险的。事实上，学习型组织的缔造不应是最终目的，重要的是通过迈向学习型组织的种种努力，引导一种不断创新、不断进步的新观念，从而使组织日新月异，不断创造未来。

三、如何建立学习型团队

（一）选择好的领导

创建一支学习型团队，首要条件是团队的负责人必须是一个学习型的领导。如果团队负责人不是一个学习型的团队领导，则创建学习型团队便是一句空话。拿破仑曾说："一只狮子率领一群绵羊的队伍，可以打败由一只绵羊带领一群狮子的队伍。"讲的就是这个道理。

团队领导必须具备系统而娴熟的相关经验和知识，具有为创业的整个团队提供战略指导、带领整个团队进行目标管理、队伍培育的能力。由于一个团队的指挥、管理责任落在团队领导一个人肩上，所以他实际上承担着这支团队的荣与耻，承受着一个企业在市场中生死沉浮的重担。如果团队领导缺乏专业、系统而娴熟的知识和实战经验，那么他就很难指挥队伍在激烈的市场竞争中打胜仗。丰富的经验往往有助于在瞬息万变的市场或关键时刻对"两难抉择"起到正确的决策支持作用。

团队领导应在个人品德、作风和人格魅力上形成强大的感染力，必须时刻以身作则、富有理想、胸襟宽广、无私无畏、光明磊落、表里如一。团队领导身居高位，他的一举一动在整个团队中起着指导的作用，团队成员也往往以团队领导为标杆。

团队领导必须具有不断虚心学习的品德。通过不断的学习和自身的提高，在团队中起到学习的表率作用。在知识爆炸的今天，一个团队领导不可能什么都懂，但不学习始终会落后。团队领导每天事务繁多，也许很难再进校门培训，但是制订学习计划，能够持之以恒比什么都重要。

团队领导必须关爱团队成员，让他们能感受到温暖和依靠。爱和责任是优秀管理者的两个基本要素，懂得责任而漠视爱的管理者至多只是一个"跛脚鸭"。所以，作为团队领导，应及时发现团队成员关心的问题，并主动加以解决。

（二）形成好的管理机制

管理机制是指管理系统的结构及其运行机理，它决定着管理功能的核心问题。管理机制对创建学习型营销团队和保障团队正常运转起着保证的作用。一个企业能否建立并真正拥有一套适合创建学习型营销团队的好机制，关键在于企业的文化定位和管理者的作用。应该选择有魄力、能起作用的人担任管理者；企业的文化定位须以创建学习型营销团队为目标。创建学习型营销团队应从价值观、制度和物质层面做好必要的准备。

（三）确立一个细化的便于操作的目标体系

如果营销部门只有一个笼统的大目标，则很难让营销团队在清晰的目标下工作，形成合力。目标的作用是激励学习型营销团队发挥潜能的标杆。作为一个学习型营销团队，目标的砥砺作用是清晰可见的。整个团队成员都应该清楚地知道营销任务目标，这个目标包括公司营销任务、营销盈利的各种指标、网络建设、品牌建设以及分解到每个成员的各种具体目标。从目标管理的原则来说，管理者不要自上而下去颁布制定各种目标，否则队员将难以发挥主观能动性。根据各成员所处的角度不同，把各项内容分解出来，让团队成员自己先参与制定各项目标、目标的实施步骤和指标的布控，再和营销总裁的营销目标进行参照吻合，共同修正，最后在总目标的指引下实施完成。营销团队的目标要具体、合理、清晰。各种数据要有依据、要准确，让团队成员能真正理解和把握。营销总裁和队员都应切忌主观上的贪大求全。

各种目标制定后，营销总裁对团队各成员的目标分解情况、执行情况和评估要及时，并准确而严格地把握；要有具体合理的分解和执行步骤，在特定的时间和地点进行检查评估，对完不成的指标要找出原因和解决的办法，并在具体的时间和地点进行弥补。营销总裁要善于在整个营销团队里就各种目标进行积极沟通，了解成员对目标的理解程度和执行程度。团队成员和营销总裁所处的位置不一样，他们对目标的制定和理解也不同，往往会造成对目标执行的分歧。沟通是解决分歧的最佳手段。营销总裁在目标制定上对成员要大胆授权，给他们一个空间，让其对具体目标进行调整。

（四）有效的战略思考和安排

美国哈佛大学商学院教授安德鲁斯认为，"战略是目标、意图或目的以及为达到这些目的而制订的主要方针和计划的一种模式"。迈克尔·波特教授认为，"战略是公司为之奋斗的一些终点与公司为达到它们而寻求的途径的结合物"。美国学者霍弗和申德尔认为，"战略是企业目前的和计划的资源配置与环境相互作用的基本模式。该模式表明企业将如何实现自己的目标"。公司的营销战略是在公司战略的引导下制定的。在很多企业的营销中，营销战略总是以一种单一的模式出现，如成本领先战略、差异化战略等。战略的专一性在较大程度上保证了战略的制订执行和持续发展，但过多地专注于单一战略，在市场的运作上有可能会脱离实际，并在相当程度上限制营销团队的创造性。

学习型营销团队对营销战略执行"变化"的优势要强于"专一性"的优势，营销总裁对于营销战略的安排要有余地，让团队成员在实施战略的过程中有适应性、灵活性和机动性。根据公司和市场的情况，团队成员要对营销战略的实施进行艺术剪辑，将各种战略巧妙融合。

（五）营造出有利于激发团队活力的文化氛围

创建学习型营销团队，要营造出一个适合这个营销团队活力的工作氛围。团队必须充满活力和激情。团队是个大舞台，每个队员都可在这个舞台上淋漓尽致地发挥自己的营销天分。

团队可以利用各种正式或非正式场合，鼓励成员对工作设计进行大胆想象、大胆构思、大胆表演。营销总裁是最耐心的听众和观众。营销总裁应该对成员意见的合理成分在公开场合予以大力肯定，再私下和队员面谈，提出改进的方案，让队员自己去判断，最终找到答案。营销总裁一方面需要激发队员使其确信自己是最优秀的营销人；另一方面应当主动将属下被曝光的失误责任中的大部分揽到自己头上，给队员一个认真反思的机会，并让他学习作为团队管理者所应具备的包容精神和自我牺牲精神。

（六）进行边界再造

学习型营销团队，应尽可能打破旧有企业的组织边界，缩小、减少管理层面。学习型营销团队最佳的管理层面是"两点直线制"，即从营销总裁直线到区域经理这一层面，可节省人力，提高决策效率。而免去营销副总和大区经理的真空部分，可以通过团队内加大授权范围来弥补。对营销前沿和公司本部的管理科室，实行弹性制、交叉制的多线沟通决策组织结构。

（七）强化学习

学习型营销团队，善于学习是其最大特色。团队的能量和生命力源于学习。那么如何让这支营销团队善于学习呢？一是制定良好的学习制度，并持之以恒地执行。这个制度的作用是把学习的必要性通过制度的确立，作为对营销人员业绩考核的标准。在很多企业，对营销人员的考核指标只局限于营销业绩（如回款、销售利润、网络开发等），而缺乏对"学习指标"的考核。二是及时进修。对营销人员按企业状况进行规划。对有管理者潜力的，进行必要的进修，进修内容不仅是营销理论，还包括财会、法律、人力资源、管理学等内容。三是经常性的培训讲座。培训讲座可以外请专家前来培训，也可以在营销团队内轮流由队员自选课题相互教学，强化队员的学习能动意识。四是要求每个成员都要有自己过硬的本领。如精通电脑、掌握两门专业知识为主业（必须具有较全面的市场营销学专业知识，另一门专业知识则根据团队的迫切需要和个人的兴趣选择）、学习一门外语等。五是对新知识学习的领先性。对新学科知识的陌生会导致团队对新知识的恐惧。解除这种恐惧的最佳办法是及时学习。及时学习和掌握相关知识，可领先对手一步。长期如此，营销团队将保持巨大的学习创造力。

（八）及时评估与表扬

营销总裁对团队成员的评估正确与否，直接关系到队员能否健康成长。最佳的评估方式通常有两大原则，即及时表扬与"团队参与"。及时表扬能够提升团队成员之间的认同；"团队参与"可激活团队气氛、树立民主作风，让整个团队在评估过程中相互交流洗脑。这种"团队参与"的评估方式，对保证学习型营销团队的健康发展是大有裨益的。

第四节　团队战略与核心能力构建

一、核心能力

核心能力作为一种企业理论出现主要是针对行业内存在的竞争以及对优势企业的特有能力展开的分析。核心能力的定义是由普拉哈拉德和哈梅尔（C.K.Prahalad and Gary Hamel）于1990年在《哈佛商业评论》上发表的《公司的核心能力》中提出的。他们认为，"核心能力是组织中的积累学识，特别是如何协调不同的生产技能和有机结合多种技术流派的学识"。在他们看来，核心能力强调的是协调，这一点与管理的本质有相通之处。

核心能力是企业所拥有的一种特殊的资源和能力，使企业能在激烈的市场竞争中取得领先和优势地位。如果一种特殊的资源和能力由众多的竞争企业所控制，那么这种资源就不可能成为任何一家企业竞争优势的源泉。但是，必须指出的是，这种能力确切地说是指企业所特有的能力组合或能力系统，而非拥有的一项技术或技能。同时，核心能力一般是一个企业长期积累的结果，可以体现这个企业的特点，并使其与其他企业显著区分开来。

核心能力是一个相对抽象的概念。不同的企业，甚至同一企业不同的发展阶段，其具体表现也不一样。如果从企业内部不同功能的角度划分，可以把核心能力的表现形态分为管理（决策）能力、技术及其创新能力、市场营销能力、企业文化力、生产制造能力、资本运营能力及以上能力的组合。核心能力最大的特点就是难以被仿制，从而可以使企业保持长期优势，实现可持续发展。

二、核心能力构建途径

如果把企业当作一个团队来看，团队核心能力的构建可以分为内部培育和外部交易两种途径。

（一）内部培育核心能力

内部培育核心能力指的是在现有资源条件下，企业通过加强内部管理，强化技术创新、市场创新等，把企业的技术和生产技能融合进企业的生产能力中，不断提炼、吸取从而形成企业特有的核心能力。可口可乐、微软、英特尔等公司都是靠这种途径培育核心能力的。运用这种途径构建核心能力，必须注意核心能力是一种有组织的集体行为。

（二）外部交易生成核心能力

外部交易生成核心能力指的是利用外部交易型战略、采取收购兼并等方式获取核心能力。这种途径获取的核心能力必须通过内部资源整合，将其吸收并予以发展，才能真正成为企业的核心能力。

三、核心能力提升策略

（一）提高产业集中度

提高产业集中度就是通过兼并、联合、重组等资本运营方式把企业规模做大，形成一批大公司和大型企业集团。企业的发展单靠自身的积累在短期内是难成大器的，兼并、收购、联合、重组是企业壮大的必由之路。通过兼并、收购、联合、重组等资本运营方式进行"强弱联合""强强联合"。扩张能使企业规模迅速扩大，增加市场份额和提高竞争优势，实现超常规发展。这是世界著名公司常用的扩张策略。

（二）制定正确的企业发展战略

制定正确的企业发展战略必须有一个牢固的基础。基于战略的前瞻性、竞争性、长远性、全局性、现实灵活性和可实施性的特点，必须在大量战略调研的基础上，明确企业生产经营活动所追求的价值观、信念和行为准则。确立企业"有所为有所不为"的经营范围，确立"有所为"的经营方针，制定对企业发展具有推动力、向心力和激励作用的发展战略目标。

（三）建立高效的组织管理系统，形成相应的观念

设计建立高效的组织和管理系统是提高企业核心能力的关键。此外，还需要有观念上的转变和企业重心的转变，包括从成本最小化到价值最大化的转变、从协调一致到创新张力的转变、从结构设计到联合模式的转变、从精确手段到有机系统的转变等。加强管理，寻求并创造公司的合作优势，通过有效的激励来推动企业创新，提高企业的创新能力，是建立高效的组织管理系统的必需手段。

（四）加强营销与市场工作

适应经济全球化、网络化、市场化的要求，需要更新营销观念，加强营销与市场工作。在瞬息万变的市场上发现新的机会，创造新的市场空间是企业扩大发展的保证。创造新的市场空间，通常要审视、研究很多因素，包括替代品市场、行业内不同的战略性集团、顾客特点、互补品市场、功能或情感吸引力等。通过对这些因素的审视研究，可以发现新的市场，为企业发展开辟新的天地。

（五）构建虚拟科研网，拓展企业自身的能力

虚拟科研网是一种用以对市场环境变化作出快速反应的企业虚拟知识联盟，是一个能够提供意见和信息、进行分析的会员网络。这种联盟既有战术上的联盟，也有战略上的联盟，其主要功能是拓展企业自身的能力。它能够比一个独立的实验室发掘出更多种类的知识源泉，实现技术互补，分散风险，降低研究开发成本，获得规模效益和持续发展能力。

（六）营造优秀企业文化，构建学习型企业

培育企业持续不断创新的能力和机制，营造优秀企业文化，推进企业知识管理，构建学习型企业，是企业获得持续发展的核心。

四、团队战略管理

团队战略是通过一定的方式和手段获得团队持续生命力的战略性安排。它不像普通组织的战略那样以长远地为顾客提供价值品为谋划，而是倾向于自身的改造和建构，所以是更深层面的基础安排。它所展现的特点主要是团队战略的核心是持续的共同奉献文化；共同奉献需要有一个所有成员信服的目标，可信目标是与成功及保持领先密不可分的；在团队中，共同责任的概念已经成为一种常识，"同舟共济"是他们的工作方式；寻找决定团队表现的差异因素，并通过学习和训练调整团队的习惯；管理意志的公共性是其最重要的特征。

五、管理中如何善用团队战略

团队战略的核心是持续的共同奉献文化，没有这一点，团队只是松散的个人集合。这种共同奉献需要一个所有成员能够为之信服的目标。成功的团队往往将他们的共同目标映射为具体的工作要求，比如将销售商的退货率减少50%，或是将毕业班的数学成绩由60分提高到85分。事实上，如果一个团队不能确定明确的具体工作目标，或是具体的工作目标与整体目标毫无联系，那么团队成员会因此变得困惑、涣散、表现平庸。

当一小群人决定将某项产品的成本下降10%或是将某项产品的销售率提高到100%时，他们相对的头衔、工资以及其他个人特性便已经不再重要了。在那

些成功的团队中，每个成员如何为集体目标贡献最大力量是人们关注的问题，也就是说，人们关注的是业绩目标本身，而不是个人的地位和利益。对于善用团队战略的组织来说，工作重点在于让团队有效工作、让团队自己负责，并持续地让团队学习、训练、向上，并在此基础上形成团队特有的风格和文化。

（一）让团队有效工作

任何成绩显著的团队都有"让团队有效工作"的秘诀，如思科成功的最重要原因就在于它的平等文化的构建——通过平等获得有效。

（二）让团队自己负责

团队战略措施的要点之一就是对团队本身的放手。信任会产生值得信任的员工，不信任会产生不能信任的部下。

（三）让团队持续地学习、训练、向上

团队特有的风格和文化的形成与其学习和训练倾向密切相关。每个团队都应该设计一些有自己特色的学习项目和训练课题，通过持续的学习和训练使自己更上一层楼。

第五节　营造团队文化

一、对团队文化的认知

团队文化是组织文化的一种形式。它是组织在长期的实践活动中所形成的并且为组织成员所普遍认可和遵循的具有本组织特色的价值观念、团体意识、行为规范和思维模式的总称。其构成要素有团队精神、团队理念、团队价值观、团队道德、团队素质、团队行为、团队制度、团队形象（服务产品形象、环境形象、成员形象、组织管理者形象、社会形象）等内容。其功能有自我内聚功能、自我改造功能（包括导向功能）、自我调控功能（包括约束功能）、自我完善功能、自我延续功能、辐射功能等。

二、团队文化的结构

团队文化可分成三个层面：一是表层文化，包括物质文化和行为文化；二是中层文化，也叫制度文化；三是深层文化，即精神文化。优秀的团队文化是一种综合性的人性化氛围，是团队全体员工在长期的工作中精心培育而成的，是团队全体成员共同遵守的最高目标、价值标准、基本信念及行为规范的总和。优秀的团队文化的意义在于统一团队成员的价值观，从而在成员之间形成一种心理契约关系。团队文化的核心是组织价值观，中心是以人为主体的人本文化。

团队文化的结构由三部分组成，分为三个层次，即基础部分、主体部分、外在部分，其中基础部分为核心层次，主体部分为基本层次，外在部分为表面层次。可以将企业文化的结构形象地比作一棵大树，大树的根是基础部分，大树的躯干是主体部分，大树的花、叶是外在部分。

（一）团队文化结构的基础部分

团队文化结构的基础部分主要由团队哲学、团队价值观、团队精神、团队道德等团队的意识活动组成。这是团队文化最核心的结构层次，是团队文化的源，是结构中的稳定因素。团队文化中最受社会、政治、经济、文化影响的就是结构的基础部分。就像大树根须吸收水分和土壤一样，以决定树的生长。一旦扎下了根，树就会慢慢成长，处于比较稳定的状态。团队文化结构的基础部分是团队文化的决定因素，有什么样的结构基础，就会有什么样的结构主体和结构的外在部分。

1. 团队哲学

团队文化所宣扬的团队哲学和其他哲学一样，是团队理论化和系统化的世界观和方法论。团队哲学是团队所有成员所共有的对事物最一般的看法，是指导团队生产、经营、管理等活动及处理人际关系的原则。

2. 团队价值观

团队文化内容丰富、辐射面广，但其中有一个核心内容，就是团队的价值观。团队价值观是团队哲学思想体系的核心，也是团队文化的核心，它主导和支配着团队文化的其他要素。

3. 团队精神

团队精神是团队文化的高度浓缩，是团队文化的灵魂。团队精神的内涵应该丰富而深刻，意义重大而深远。团队精神具有强大的凝聚力、感召力和约束力，是团队成员对团队的信任感、自豪感和荣誉感的集中体现，是团队在创业管理过程中占统治地位的思想观念、立场观点和精神支柱。

4. 团队道德

团队道德是调整企业与社会、企业与企业、企业与员工、企业员工与员工之间关系的行为规范的总和。团队道德是企业文化之根本。团队道德以善与恶、公正与偏私、诚实与虚伪、正义与非正义评价为标准，以社会舆论、传统习惯和信念来维持，是道德原则、道德规范和道德活动的总和。

（二）团队文化结构的主体部分

团队文化结构的主体部分主要包括团队文化中战略文化、组织文化、制度文化、经营文化等，分别在团队发展战略和团队制度中体现，并发挥其作用。团队文化的主体结构，是团队文化的主要承载者，受核心层的影响，而又影响于表面层次。企业文化的主体结构就像大树的粗壮挺拔的树干和深刻的年轮体现树的生命一样，结构的主体部分以其特有的形态来体现团队文化核心结构的内容和要求，并以此形成团队文化的个性特征，形成团队的重要特色。

1. 团队发展战略

团队发展战略是创业者面对激烈变化、严峻挑战的经营环境，为求得长期生存和不断发展，对团队发展目标、达成目标的途径和手段的总体谋划。它是企业战略思想的集中体现，是企业经营范围的科学规定，同时又是制订创业计划的基础。

2. 团队制度

团队制度一般指团队的规章制度或管理制度，是创业团队为了维护其生产、工作和生活秩序而制定、颁布执行的书面的规划、程序、条例及法度的总和。

团队制度是团队文化主体结构的重要组成部分。这是因为，从团队文化建设的角度看，必须把制度建设纳入企业文化的范围内，使之成为文化管理的一个组成部分。同时，创业者在进行团队文化建设的过程中会产生一定的文化成果，如质量文化、经营文化、市场文化等，这些成果也需要以制度的方式巩固下来，这就使团队制度建设成为团队文化建设不可缺少的组成部分。

（三）团队文化结构的外在部分

团队文化结构的外在部分主要包括团队信誉、团队行为、团队环境、团队形象等。这是团队文化结构最表层的部分，是人们直接可以感受到的，从直观上把握不同团队文化的依据。就好比种什么树开什么花、结什么果一样，结构的外在部分以其外在的表层形式体现核心层和基本层的水平、规模和特色。我们通过团队文化的外层结构就能了解到该创业团队特有的哲学、价值观念、精神风貌和道德规范，就能想象到该创业团队的精髓。

1. 团队信誉

团队信誉作为团队文化的表层结构，受团队文化基础结构和主体结构的影响和制约，是一个创业团队文化的真实反映，为人们所直接感受，不断认识，是表层下的主体结构和基础结构之内涵。

2. 团队行为

团队行为是指创业团队受其哲学、价值观、精神、道德等影响，由团队制度支配而表现出的外在活动，是团队文化结构的外在部分，属于表层结构，是团队文化的动态体现。

3. 团队环境

团队环境是团队文化的一种象征，属于团队文化的表层结构。它体现了团队文化个性特点。每个创业团队都生存于一定的环境之中，在环境中发展，同时又改变和创造着环境。

4. 团队形象

团队形象是企业文化的外显形态，是团队哲学、价值观、精神、道德等的外在表现，是现代创业团队"文化资本积累"的价值体现，是团队文化表层结构的重要组成部分。

三、团队文化营造的主要途径

团队文化营造的主要途径（如图6-2所示）包括以下五个方面：

（一）选择价值标准

选择价值标准的关键要把握两点，即立足于本团队的具体特点和把握住团队价值观与团队文化各要素之间的相互协调。

（二）强化成员认同

强化成员认同通常从以下措施着手——充分利用一切宣传工具和手段；树立英雄人物；培训教育。

（三）必要的制度保障

制度是团队文化中明确和相对稳定的内容，必要的制度保障着管理意志在行为层面的贯彻。

（四）管理者的率先垂范

管理者的率先垂范应该有相应的配套，如精心的分析、全面的归纳和明确的示范。

（五）巩固落实

文化建设和其他系统性工作一样，最终一定要予以巩固落实。

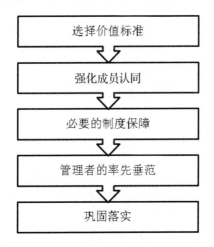

图6-2　团队文化营造的主要途径

四、企业所追求的团队文化

很多管理者对团队文化感到难以理解，更不懂得如何将团队理念渗透到团队的创业活动当中去。其实，从某种角度来说，团队文化就是团队管理中最人性化的东西。而这种人性化的东西，通过团队的管理方式、经营作风、规章制度、文体活动、广告宣传，甚至是团队创业过程中的每一个行为，都能体现出来。

团队的人性化管理是一个系统工程。首先，团队必须树立"以人为本"的管理理念；其次，这种人性化的理念更重要的是要体现于团队的管理制度之中；最后，这种人性化的东西还要通过企业宣传、创业行为等各种细节表现出来，体现团队文化的魅力。

团队文化是一种综合性的人性化管理气氛，它是团队成员在长期的工作中精心培育而成的，是团队成员共同遵守的最高目标、价值标准、基本信念及行为规范的总和。团队文化的意义在于统一团队成员的价值观，从而在企业与团队成员之间形成一种心理默契。而团队文化的形成需要保持团队行为规范、团队管理制度与团队价值观念的高度一致。具体地说，我们所追求的团队文化应该是有凝聚力的、学习型的企业文化。

（一）有凝聚力的企业文化

有凝聚力的文化源自对人的尊重。可以说，尊重人性是所有优秀企业文化的核心和基础。若把优秀的企业文化比喻为一座大厦的话，那么，尊重人性就是其最底层的基础。

一切管理都离不开人，管理的根本在于人。管理者与被管理者是一种平等的伙伴关系。在现代团队式组织中，人员之间的等级界限被淡化，所有的分工只是为了更好的合作。较少的等级结构不仅能提高信息的传递效率，提高决策的速度和进程，而且能有效地降低组织的开支。

（二）学习型的企业文化

团队的学习力已成为企业优秀文化形成的核心。在学习型团队的文化建设中，更注重对成员学习能力的培养、心灵的塑造、精神的训练，个人对团队整体的认同感的建立，进而形成整个团队的向心力和凝聚力。

领导者要努力创造一种自主、宽松的工作环境和相互信任、相互支持的团队氛围。团队领导需要制订良好的沟通计划，规划沟通渠道及沟通目标，鼓励团队成员非正式组织间的交流，使团队成员能够畅所欲言，从不同角度提出有利于团队建设的意见和方案。通过创建健康向上的环境，营造浓厚的企业文化氛围，使团队成员在潜移默化中受到感染和影响，从而激发对创业的热情。

五、团队文化的延伸

（一）成为员工能分享的企业文化

企业文化作为一种待遇，人们又该如何去分享或消费这种价值，并切实地感受到这种价值呢？第一，分享企业品牌、企业形象。第二，分享企业的经营管理经验或技术技能。第三，分享和消费企业提供的良好的人际关系、行为规范、积极向上的敬业精神、实事求是的办事作风。第四，分享和消费企业提供的良好的学习与培训条件。这是企业给员工的隐性收入。

企业文化建设应重在关心人、爱护人、培养人、提高人，要从产品导向向服务导向过渡；要从个人享受向共同快乐转变；要使员工深切地领会到在企业中能获得的有形待遇（工资、福利、权利、股份、期权等）和无形文化待遇（优良的环境、成就感、企业员工及社会给予的尊重与荣誉、企业所烘托的个人身份等）相结合的双份的收益。

（二）成为影响消费者的企业文化

企业文化建设的一个主要内容就是围绕本企业的行业特点、发展战略、产品定位、消费群体等因素提供营销理念和市场战略支持，发展营销文化，以强有力的文化力量传递给消费者并影响他们的消费价值观。

【拓展阅读】

七个小矮人

相传，在古希腊时期的塞浦路斯，曾经有一座城堡里关着七个小矮人，传说他们是因为受到了可怕的诅咒，才被关到这个与世隔绝的地方。他们住在一间潮湿的地下室里，找不到任何人帮助，没有粮食，没有水。这七个小矮人越来越绝望。

小矮人中，阿基米德是第一个受到守护神雅典娜托梦的。雅典娜告诉他，在这个城堡里，除了他们待的那间房间外，其他的25间房间里，其中一个房间里有一些蜂蜜和水，够他们维持一段时间；而在另外的24间房间里有石头，其中有240块玫瑰红的灵石，收集到这240块灵石，并把它们排成一个圈的形状，可怕的咒语就会解除，他们就能逃离厄运，重归自己的家园。

第二天，阿基米德迫不及待地把这个梦告诉了其他六个伙伴。其他四个人都不愿意相信，只有爱丽丝和苏格拉底愿意和他一起努力。开始的几天里，爱丽丝想先去找些木材生火，这样既能取暖又能让房间里有些光线；苏格拉底想先去找那个有食物的房间；阿基米德想快点把240块灵石找齐，好快点让咒语解除。三个人无法统一意见，于是决定各找各的，但几天下来，三个人都没有成果，反而弄得筋疲力尽，更让其他的四个人取笑不已。

但是三个人没有放弃，失败让他们意识到应该团结起来。他们决定，先找火种，再找吃的，最后大家一起找灵石。这是个灵验的方法，三个人很快在左边第二个房间里找到了大量的蜂蜜和水。

显而易见，一个共同而明确的目标，对于任何团队来说都是非常重要的。

在经过了几天的饥饿之后，他们狼吞虎咽了一番，然后带了许多分给特洛伊、安吉拉、亚里士多德和美丽莎。温饱的希望改变了其他四个人的想法。他们后悔自己开始时的愚蠢，并主动要求和阿基米德他们一起寻找灵石，解除那可恨的咒语。

在这件事中，小矮人发现了一个让他们终身受益的道理：任何东西只不过是一种工具，只有通过人与人之间的沟通、互补，才能发挥它的全部能量。

为了提高效率，阿基米德决定把七个人兵分两路：原来三个人，继续从左边找，而特洛伊等四人则从右边找。但问题很快就出来了：由于前三天一直都坐在原地，特洛伊等四人根本没有方向感，城堡对他们来讲就像个迷宫。他们几乎就是在原地打转。阿基米德果断地重新分配：爱丽丝和苏格拉底各带一人，用自己的诀窍和经验指导他们慢慢地熟悉城堡。

喜爱思考的阿基米德又明白了：经验也是一种生产力，通过在团体中的共享，可以产生意想不到的效果。

当然事情并不像想象中那么顺利，先是苏格拉底和特洛伊那组，他们总是嫌其他两个组太慢。后来，当过花农的美丽莎发现：大家找来的石头里大部分不是玫瑰红的，而且由于地形不熟，大家经常日复一日地在同一个房间里找灵石，于是大家的信心又开始慢慢丧失。小矮人都注意到一个问题：阻力来自成员之间的不信任和非正常干扰，尤其在困难时期，这种不信任以及非正常干扰的力量更会被放大。因此，在团队运作时，建立一个和谐的环境非常重要。

阿基米德非常着急。这天傍晚，他把六个人召集在一起商量办法。可是，交流会刚刚开始，就变成了相互指责的批判会。

性子急的苏格拉底先开口："你们怎么回事，一天只能找到两三个有石头的房间？"

"那么多的房间，门上又没写哪个有石头，哪个是没有的，当然会找很长时间了！"爱丽丝答道。

"难道你们没有注意到，门锁是孔的都是没有石头的，门锁是十字形的都是有石头的吗？"苏格拉底反问道。

"干吗不早说呢？害得我们做了那么多的无用功。"其他人听到这儿，似乎有点生气。经过交流，大家才发现，原来他们有些人可能找房间很快，但可能在房间里找到的石头都是错的；而那些找得非常准的人，往往又速度太慢。其实这个道理非常简单：他们完全可以将找得快的人和找得准的人组合起来，相互指责只会使问题更加严重，对问题的解决没有丝毫的作用。一个团队里，具有专业素质的人非常关键。但是一个团队的运作，需要的是各种类型的人才，如何搭配各类人才，是团队管理要解决的重大问题。

于是，这七个小矮人进行了重新组合，并在爱丽丝的提议下，大家决定每天开一次交流会，交流经验和窍门。然后，把很有用的那些都抄在能照到亮光的墙上，提醒大家，省得再去走弯路。这面墙上的第一条经验就是：将我们宝贵的经验与更多的伙伴们分享，我们才有可能最快地走出困境。

在七个人的通力协作下，他们终于找齐了240块灵石，但就在这时苏格拉底停止了呼吸。大家震惊和恐惧之余，火种突然又灭了。

没有火种，就没有光线；没有光线，大家就根本没有办法把石头排成一个圈。

本以为生火是件简单的事，大家都纷纷地来帮忙生火，哪知道，六个人费了半天的劲，还是无法生火——以前生火的事都是苏格拉底干的。寒冷、黑暗和恐惧再一次向小矮人们袭来。灰暗的情绪波及每一个人，阿基米德非常后悔当初没有向苏格拉底学习生火，他又悟出了一个道理：在一个团队里，不能让核心技术只掌握在一个人手里。

在神灵的眷顾下，最终火还是被生起来了。小矮人们胜利了，胜利的法宝无疑就是：知识通过有效的管理，最终将变成生产力。

小矮人没有想到，这是神灵对他们的考验，是关于团结、智慧、知识、学习、合作的考验。神灵希望通过这次考验，使小矮人悟出以下道理：分享、沟通与行动是将知识化为成功的关键；知识通过有效的管理，最终将变成生产力。

提示：团队的组建过程就是团结、智慧、知识、学习、合作的考验过程。强化团队学习，是永久成功的关键。

资料来源：七个小矮人的故事——团队合作的重要性 [EB/OL].360DOC 个人图书馆，http://www.360doc.com/content/09/0409/23/102726_3077847.shtml，2009 - 04 - 09.

【能力训练】

1. 什么原因导致团队凝聚力不足?

2. 学习型团队与传统团队有何不同?

3. 假如你是宿舍长, 将如何营造寝室的创业氛围, 你的具体措施是什么?

第七章 管理创业团队

小故事大道理

天堂和地狱

有人想知道什么是天堂和地狱。上帝带他走进一个房间：一群人围着一大锅肉汤，却个个骨瘦如柴，因为每个人手上有一只手柄比手臂还长的汤勺，够得着锅却不能将汤送到嘴里，只能望"汤"兴叹；天堂，同样是一间房、一锅汤、一群人，一样长柄的汤勺，但人人满面红光，快乐地唱着幸福的歌，"为什么地狱的人喝不到肉汤，而天堂的人喝得到呢？"上帝微笑着说："很简单，这里的人都会喂别人。"

启示：相同的资源有两种不同的结果，这表明，合作背后意味着双赢或多赢。只有通过协作才能实现1+1 > 2的效用。因此，对于创业者而言，团队协作是团队文化品牌的真正精华所在。

【学习目标】

◇ 认识团队目标管理的重要性
◇ 理解团队沟通与激励体系
◇ 掌握绩效管理的基本方法

【章首案例】

集体辞职

一家民营软件公司，郑老板和几位副老板白手起家，奋力打拼，好不容易拥有了一定的规模。因为业务发展很快，公司从大学应届毕业生中招聘了 15 名软件设计人员。可是，半年后他们集体提出了辞职。当郑老板问他们原因时，员工代表是这么说的，"今年 4 月份贵公司到我们学校招聘，出于毕业后有所作为的想法，我们慕名来到这里。但是，公司的管理令我们感到很失望。从进公司的第一天起，我们只是接受任务，一天到晚埋头干活，干得不明不白的，无从了解我们工作是为了什么"。郑老板明白了，问题出在员工不知道公司的愿景，不清楚工作的目的，没有使命感，也就无法激发团队的士气。

资料来源：储盈 . 创业兵团 [M]. 北京：中华工商联合出版社，2012.

【理论知识】

在创业过程中，企业各级管理者都会面临如何把团队带好的问题，而有关团队管理的理论既有从团队发展的阶段进行论述的，也有从团队的动力方面来分析的。本书从团队管理的五个要素来论述管理团队的方法，总结为"TOPIC 模型"。

第一节 团队目标管理

团队不是一群人的简单组合。管理大师德鲁克曾说过："组织（团队）的目的，在于促使平凡的人可以做出不平凡的事。"团队目标管理就是强调团队的整体利益、目标和凝聚力，通过团队中的每一个成员围绕着共同的目标挖掘自己的最大潜能，而管理者的任务则为团队成员创造积极、高效的工作环境，并帮助他们获得成功。

传统的目标管理中，目标由最高管理者设定，然后分解成子目标落实到组织的各个层面，是一种由上级给下级规定目标的单向过程。在很大程度上，这样设定的目标可操作性往往较差，因为下级只是被动地接受目标，由于缺乏沟通，在每个层面上管理者都会加上一些自己的理解，甚至是错误的解释。结果是目标在自上而下的分解过程中丧失了它的清晰性与一致性，目标的接受者经常怨声载道，直接导致执行力不足。

强调团队领导与团队成员共同决定具体绩效目标，并且控制检查目标完成情况的目标管理体系则有效克服了这一难题。目标管理体系中的三个构成环节是计划（目标分解和确定）、执行（目标实施）、检查和总结提高（包括形成考核结果、实施奖惩、总结经验）。

一、团队目标的设置

团队目标的设置是团队目标管理的关键，团队目标错误，则管理的结果一定会南辕北辙。为此，团队目标的设置一定是一个谨慎的过程，是一个形成合力的过程，是一个合乎规律的过程。

（一）准备阶段

每完成阶段性工作，团队成员必须做好本阶段的工作总结，总结的内容主要是对本阶段的目标及达成状况、信息反馈、市场状况等做一个综述，关键是找出本期工作中的问题，总结取得的成绩，初步计划下期的工作内容及工作重点。同时，团队领导就整个团队的业绩完成情况做类似的报告，并且对出现的情况加以分析说明。通过这种总结会，团队成员及公司上下层对公司发展状况有更充分的了解，可以在最大程度上消除信息不对称问题，这是团队成员之间相互理解、相互协调的前提条件。

总结之后，团队领导与其他成员共同协商、选择和确定自己团队的业绩目标。管理层在制定目标时，根据所掌握的信息，并考虑其他因素，如以往数据、行业趋势、竞争、特殊事件等内外部环境因素，运用 SWOT 分析、BCG 矩阵、回归分析等科学的方法和工具进行分析，最后制定期望水平适度的、可行性较高的团队目标。

与此同时，每个团队成员结合个人总结与团队、公司的总结，重新分析自己业务范围的机会点与威胁点。其意义在于，让团队成员在理解公司的经营目标和经营状况的基础上，将自我目标与公司发展规划协调一致，以便在以后的工作中有明确的方向。

（二）目标的初步分解

目标的分解过程遵循"由上而下"和"由下而上"相结合的共同参与决策的方式，并对如何实现目标达成一致意见。假设团队的本期目标比上期增加了20%，在团队会议上，每个团队成员首先将自己的上期目标乘以 120% 作为基期目标，然后适当增加或减少业绩量来确定自己的目标，这时得到的个人目标总和往往比指定的团队目标要高。

参与决策的主要优点是能够诱导个人设立更高的目标，使个人发挥出潜能，在很大程度上可以鼓舞团队成员的士气，使他们普遍对自己选择的目标满意，也充满信心，因为他们是在主动挑战自我设定的目标，这对目标的实现打下了良好的基础。同时，参与决策也是相互学习与经验交流的过程。在这个过程中，每个成员必须论证增减业绩的原因：要求减少的，要提出自己的困难，团队成员可针对这些困难提出一些切实可行的方案以供参考；要求增加的，要与大家分享他是如何来寻找新的业绩支撑点的，以供其他成员学习其操作手法和思路。

（三）建立与之适应的团队文化

如何保证参与决策的效果？建立与团队目标相适应的团队文化，从文化氛围和制度上来保证目标分解效果是不可或缺的一环。

第一，力争在团队内部形成一种敢于挑战、勇于拼搏、追求卓越、积极向上的文化氛围。比如，企业及时评出"金牌业务员""优秀员工"并张榜公布和宣传，同时给予必要的物质奖励。在评比时，坚持多层次、高覆盖率的原则，让每位员工都有机会榜上有名。另外，多从定性的方面奖励那些表现出色、进步显著的员工，这更甚于奖励绩效达成最好的员工，以此鼓舞团队士气。

第二，形成互帮互助的工作氛围，例如 TY 企业在每期末组织每位员工投票给最热心帮助自己的三个人，然后按积分评出"最热心"员工，给予一定的精神和物质奖励，这一活动旨在形成更强的团队凝聚力。

公司可以将这些举措制度化以增强权威性，并将员工的表彰记录作为升迁的主要考核项目之一，以形成对员工行为约束与引导的力量。

第三，进行必要的负强化工作。比如，采用末位淘汰制，这是把"双刃剑"，如果过激，会挫伤员工的积极性，降低职业满意度。所以，对连续两期团队内排名最差的一名让其撤离业务岗位并接受相关培训，帮助他早日找到适合自己的位置，体现出公司"人性化"的管理理念。

（四）目标的深度分解

在目标深度分解的过程中，团队成员要结合自己的工作目标，深入分析团队工作方向与竞争策略，找出自己的思路与团队经营思路的差异和分歧，并且分析其原因。在透彻理解团队的经营目标后，保持工作中正确和清晰的方向感，兼顾短期利益和长期战略，并据此重新拟订下期工作计划。条件允许的话，目标分解越精细，执行效率与效果就会越好。

（五）拟订工作计划

目标分解的过程，也就是业务人员思考每一个指标如何完成的过程，目标分解完之后，团队成员对下期的工作细节也就基本胸有成竹了。然后，根据每个细节的重要性与紧急性安排好自己的工作计划，并形成文字和表格，在执行时记载进度情况。最后，通过召开确定工作计划的团队会议，每人就自己的计划与其他队员进行研讨，博采众长再次修正计划，以增加计划的可操作性与执行效率，同时让团队领导及其他成员对工作有明确的了解，以便执行阶段进行监督与控制。

这种强化沟通和反复论证的方法，让团队成员既能站在战略高度从全局把握区域市场与公司的发展方向，又能深入实践操作的每个细节，提高了目标的一致性与清晰性，在执行过程中有的放矢。

二、团队目标的实施

由于每个人有了具体的、定量的明确目标，在目标实施过程中就会自觉地、努力地去实现这些目标，并对照目标进行自我检查、自我控制和自我管理。这样，才能充分调动各部门及每一个人的主观能动性和工作热情，充分挖掘其潜力。

为实现有效控制，必须建立科学的控制体系。团队与个人的自我控制、自我管理的能力应当努力提高，并与相互控制、相互管理结合起来，以保证目标执行万无一失。

（一）自我控制与自我管理

目标管理的最大优点是使员工能用自我控制的管理来代替由别人统治的管理，并使其能在某种程度上控制自己的成就。自我控制意味着更强的激励，一种要做到最好而不是敷衍了事的愿望。它意味着更高的成就目标和更开阔的眼界。

（二）监督与咨询

《孙子兵法》云："将能而君不御者，胜。"在目标的实施阶段，主管的监督控制要坚持"重结果更甚于手段"的原则，充分授权，并明确其责任，不再对成员的实践操作指指点点，给他们更大的施展空间。在企业中，管理者要抓住关键的销量与重点产品的业绩进度以及计划工作的执行进度，以它们为预警指标。对那些偏离计划的员工，要及时进行沟通和调查，找出问题、提供咨询、寻求对策，视情况作出必要的调整；对表现优秀的员工，则采取"无为而治"的态度。

（三）反馈与指导

在实践操作中，往往有"将在外，君命有所不受"的情况，但团队成员应有意识地在每次任务完成之后，及时将信息反馈给主管领导，以使其及时了解团队成员的动向。反馈和指导有正式和非正式之分。正式的反馈包括定期召开小组会，共同讨论成员工作和完成任务的情况，当出现问题时，根据成员的要求进行专门性的研讨以及定期的书面报告往来。非正式的反馈和指导则不受时间、场合的限制。在实际工作中，反馈和指导能培养和提高员工的能力。实践与研究表明，及时的、具有建设性的反馈和指导往往是帮助员工完成任务最有效的方式。这是因为，大部分的评价或管理者曾经是某一行业最出色的人员，也是整个目标项目的规划者之一，对外界环境的变化掌握得更为全面。阶段性的评价反馈，可帮助员工了解什么是好的以及需要作出哪些改进。另外，平等、开放、活跃的反馈性讨论，也有助于激发知识型员工的内在潜力和灵感。

（四）信息管理

信息是管理的最基本要素。在目标管理体系中，信息管理扮演着举足轻重的角色。确定目标，需要获取大量的信息；目标执行，需要加工、处理信息；实施目标的过程，也是信息传递与转换的过程；等等。信息目标管理是企业得以正常运转的纽带，信息传递直接影响管理者与团队队员之间沟通的有效性、及时性和准确性。团队成员需要了解管理层的态度和组织对他们的真实期望，需要了解实际目标的符合程度。这些都需要加强信息的采集、沟通和加工。

三、团队目标的绩效评估

（一）激励与考核

达到目标，仅靠团队领导的监督是不够的，还需要建立健全的目标考核体系来对业务行为进行引导、约束和激励。有的团队对业务的绩效考核目标过于单一，导致个人目标与组织发展方向极不协调。团队需要采取多元的目标体系，以引导和约束个人的行为动机与组织的发展方向在空间上与时间上的协调一致，并通过奖金等激励措施来引导个人行为。

（二）检查与调节

对目标的检查和调节，就是把实现的成果同原来制定的目标相比较，检查目标实施的进度、质量、均衡情况、目标对策（措施）的落实情况，并按照目标管理要求，及时防止偏差出现，及时发现问题，解决问题，根据多变的环境及时调整目标或策略。注意在这一过程中不宜过分强调定量指标而忽视定性内容。

成功的目标管理在目标分解的过程中，不是简单地直接将压力分解下去，而是将压力转化为动力后分解下去，目标成为激励而非负担。它能使团队成员找到工作的兴趣和价值，在工作中实行自我控制，通过努力工作，在实现自我的同时，团队的目标也随之实现。

第二节　团队沟通管理

沟通作为一种相互交换信息、交流情感的手段，一直伴随着我们成长。若管理是引导群体和个人一起完成组织目标的过程，沟通则是管理的灵魂。在管理过程中，无论是安排工作、化解冲突，还是进行计划控制，无不需要良好的沟通。一个优秀的管理人员必将其70%的时间用在与他人的沟通上。因此，无论管理组织还是团队，只有进行有效的沟通，才能打造出高效率的团队，从而显示出其在企业经营活动中的强大生命力。

一、对沟通的认知

（一）沟通的定义

我们从出生到成长，无时无刻不在和别人进行着沟通。所谓沟通，就是为了设定的目标，把信息、思想和情感在个人或群体间传递，并达成共同协议的过程。事实上，每个人对沟通的理解是不一样的。对沟通的不同理解造成了沟通的困难和障碍，最终导致沟通的失败。不能进行有效沟通，是人与人之间交往的最大障碍，是造成工作效率低下的重要原因之一。

（二）沟通的三大要素

在沟通的定义里，包含着沟通的三大要素：其一，沟通一定要有一个明确的目标。如果没有目标，只能算是自言自语，或自说自话、瞎聊天。其二，沟通要达成共同的协议。沟通结束以后，一定要形成一个双方或者多方都承认的协议，只有形成了协议才算完成了沟通。在实际的工作过程中，常常见到大家在一起好像沟通过了，但是最后却没有形成一个明确的协议，有时甚至还吵得面红耳赤。这说明双方之间存在沟通障碍，沟通尚未完成。应该知道，在和别人沟通结束的时候，一定要用这样的话来总结："非常感谢你，通过刚才的交流，我们现在达成了这样的协议。你看是这样的一个协议吗？"这是沟通技巧的一个非常重要的体现。其三，沟通结束时有人来做总结。这是一个良好的沟通习惯。沟通的内容不仅仅是信息，还包括更加重要的思想和情感。表示具体情况的信息通常是非常容易沟通的，而思想和情感往往不太容易沟通。工作的过程中所形成的矛盾，大多是由思想和情感无法得到很好沟通所引起的。

二、沟通方式

沟通方式多种多样，常见的有以下几种。

面对面交流是最常见的沟通交流方式，上下级之间布置、报告工作，同事之间沟通协调问题，都采用此方式。

（一）电话

上下级之间、同事之间借助电话这一传播工具进行的有声交流。

（二）命令

上级管理者给下级员工布置工作、安排任务都可以称作"命令"。命令分为口头命令与书面命令两种。有的企业创造了"总经理任务通知书"这一方式，也是一种很好的书面命令，事实上它已具有文件的性质。

（三）文件

公司下发有关文件，是典型的下行沟通。对于与员工利益密切相关的或者需要员工共同遵守的文件，必须与员工进行彻底沟通。公司的文件一般情况下是下发到各个部门，各部门必须认真组织学习，并对学习效果进行测评，以确保文件内容沟通、执行到位。

（四）会议

会议这种沟通方式根据需要，可分为董事会、经理层会议、部门会议、全体员工大会等；根据开会周期，可分为日例会、周例会、月例会等；还有各种各样的专项会议，如财务会议、表彰会议、安全会议等。无论何种会议，都要求讲究会议效率。开会要有结果，不能议而不决。随后还要抓好执行、跟踪、检查、评估、反馈等环节。

（五）业务报告

报告分为口头报告和书面报告两种。类似于报告的沟通方式还有请示、向上一级主管提出意见或建议等。无论是口头的还是书面形成文字的都是上行沟通，一般需要批复或口头上给予反馈，从而形成上下信息交流上的互动。

（六）内部报刊

有条件的企业可以通过办内部报刊来增进企业与员工之间的沟通。

（七）广播

广播是一种看似比较随意的沟通与交流方式，当然也包含严肃的内容，但大多数情况下显得很轻松。

（八）宣传栏

宣传栏这一传播媒介无论对大中小型企业，都很适用。宣传栏可大可小，内容可长可短，方便快捷。

（九）活动

企业通过举办各种活动，如演讲比赛、活动、联欢会、宴会、专题培训等，能有效地促进公司与员工及同事之间的沟通。

（十）意见箱

意见箱也是一种上行沟通的方式，企业员工对公司有什么意见和建议都可以通过这种方式与企业及管理者进行沟通。作为企业要对此给予高度重视，对员工的意见或建议及时反馈。

（十一）内部局域网

随着网络技术的发展，很多企业建立了自己的内部局域网，根据不同的职位设置了信息阅读权限，同时建立了"员工论坛""学习园地"等栏目。通过这一媒体，员工与公司进行互动交流，效果非一般媒体所能比。

上述沟通基本上是语言沟通，其实，非语言沟通也应引起我们的重视，比如面对面交流中双方的穿着、举止以及相关礼仪也非常重要，会直接影响沟通效果。员工对办公环境、办公气氛的感受，其实也是一种沟通。对无声沟通的重视，有时会起到"此时无声胜有声"的效果。

三、沟通技巧

在沟通管理过程中一定要善于运用非语言信号为语言的效果进行铺垫，真诚的微笑，热烈的握手，专注的神态，尊敬的寒暄，都能给对方带来好感，活跃沟通气氛，加重后面语言的分量。创业者可以通过以下技巧增进沟通效果：

（一）赞美对方

赞美对方儿乎是一个屡试不爽的特效沟通润滑剂，前提是表扬的内容要客观属实。这个世界上的人，没有不吃表扬的，学会赞美同样适用于团队沟通。

（二）移情入境

移情入境即设计一个对现实有借鉴意义的场景，进行情景教育。例如，燕昭王千金买千里马骨，为了表达一个信息：死马尚值千金，况活马乎。赵高于朝廷指鹿为马，给人的信息是其意志不可违抗。团队管理培训中设计的很多课堂游戏，用意都在于用一个显而易见的事实去启发人的思路。

（三）轻松幽默

幽默既是通向和谐对话的台阶和跳板，又是化解冲突、窘境、恶意挑衅的灵丹妙药。戈尔巴乔夫刚上任时被舆论界一致认为是契尔年柯的傀儡，一个记者在新闻发布会上向他提了一个尖锐的问题："总书记先生，您在做出任何重大决定前是否要看您身后那个重要人物的眼色？"戈尔巴乔夫用一个幽默的回答化解了他的窘境，他正色道："在这种正式场合，能不提涉及我夫人的问题吗？"一个记者问李瑞环："你反复强调团结，是否意味着你们的领导班子现在不团结？"李瑞环没有直接回答，而是微笑着反问："那么我祝你身体健康，是否意味着你的身体不健康？"一个全班最丑的女孩走上竞选班花的讲台，对台下的女同学们说："请把这一票投给我吧，数年以后你们就可以指着我对你们的男朋友说，瞧，我比班花还漂亮。"于是，她以全票当选。幽默可以创造奇迹，使不可能的事情成为可能。

（四）袒露胸怀

袒露胸怀又被称为不设防战术，意在向人们明确表示放弃一切防备，胸襟坦荡，诚恳待人。有很多企业家喜欢在洗浴中心招待客户，是为了以此拉近与客户的关系，大家都脱光了，赤诚相见，谁也端不起架子，这也是一种非语言信号。人类的许多非语言信号都是出此用意，例如，敬礼、握手、作揖都是为了向对方表明手中没有武器。人类通行规则的起源是左侧通行，原始部落的两队人在一个峡谷相会，一般会习惯用抓着武器的右手向着对方。古时候人们习惯于从左侧上马，从而演变为今天从左侧上自行车和摩托车，因此左侧通行更方便安全，也更科学。可是为什么世界上大多数国家最终都把左侧通行的习惯改为右侧通行了呢？就是要故意把较弱的左侧让给对方，借此表达和平的善意。显然，这不是为了方便交通，而是为了方便沟通。

（五）求同存异

求同存异又被称为最大公约数战术。人们只有找到共同之处，才能解决冲突。两口子吵架，最后一句话"为了孩子"相拥和解；两个员工争执不休，最后一句话"都是为了工作"握手言和。无论人们的想法相距多么遥远，总是能够找到共性。有了共性，就有了建立沟通桥梁的支点。

（六）深入浅出

深入浅出是提高沟通效率的捷径。能够用很通俗的语言阐明一个很复杂深奥的道理是一种本事，是真正的高手。毛泽东把马克思主义的道理千条万绪归结为一句话：造反有理。精辟至极。马克思写了一大堆书，为什么？就为了证明一件事：无产阶级的造反不是瞎胡闹，是有道理的。道理何在？请看《资本论》。张瑞敏把项目管理比作擦桌子，柳传志把组织的功能比作瞎子背瘸子。精辟至极。大师的语言，最大的特点就是生动浅显，容易解码因而容易理解。

四、沟通障碍

（一）"我以为"的错误

以为沟通过，别人就清楚了，以为没有反馈就是没有意见了。特别是跨部门的沟通，无论是口头还是书面，更是要注意双方是否理解一致。

（二）不敢越级沟通，不敢与高层直接沟通

不少公司的项目经理在职能上，一般比部门经理要低，所以经常出现项目经理不敢直接找高层或其他部门总经理沟通，需要上级职能经理的协助，特别是对跨部门较为复杂的项目，项目经理要敢于和公司高层"管理"人员，就项目问题进行直接沟通。

可能有部分项目经理是担心不知如何与高层沟通，因为高层的思维是较发散和概要的，如果交谈解决方案等细节问题，估计很难交流，这里也要求项目经理要对问题有很好的抽象归纳能力。

（三）害怕被拒绝

害怕被拒绝是人的本性，如果在销售岗位，有专门针对此的培训。在项目推进中，经常出现这样的情况，如果有一些想法建议，要么思考很久才敢提出来，要么干脆不敢与项目负责人提出来，白白延误了好时机，或者需要其他部门协助时，也不敢提出来。

（四）没有提前计划沟通活动，造成等人局面

经常出现这样的情况，要确定某个事项，需要某个负责人参加，但因为没有提前计划，到时约不到人，结果推迟或者等待，无谓地耽误了时间。实际上，对于难度较大问题，至少要提前两周计划好，预约好相关人员。

（五）欠缺适当的沟通技巧

不是管理专家，不用在沟通技巧中耗费太多时间，掌握一些适当的沟通技巧主要是提高对人对事的敏感度，能针对具体事情判断出是单独沟通、书面沟通、口头沟通更有效，还是需要适当借力。能达到这个层次就可以了。

五、沟通管理的关键因素

（一）团队领导对沟通管理重要性的认知

沟通是管理的最高境界，许多团队管理问题多是由于沟通不畅引起的。良好的沟通可以使人际关系和谐，顺利完成工作任务，达成绩效目标。沟通不良则会导致生产力、品质与服务不佳，使成本增加。团队领导在团队沟通中扮演着相当重要的角色。因此，团队领导对沟通重要性的认知直接决定了团队沟通的效果，决定了团队是否能建立良性沟通机制，构建一个开放的沟通环境。

（二）团队内建立良性的沟通机制

沟通的实现依赖于良好的机制，包括正式渠道、非正式渠道。很多团队成员或下属不会做领导期望的事，只会按奖罚的要求和考核的标准去做事，因此引入沟通机制很重要，应将其制度化、轨道化，使信息传播更快、更顺畅，达到管理高效高能的目的。

（三）团队成员保持良好的沟通心态

团队沟通必须把自己放在与团队成员同等的位置上，"开诚布公"、"推心置腹"、"设身处地"，否则当感觉大家位置不同时就会产生心理障碍，致使沟通不成功。沟通应抱有"五心"，即尊重的心、合作的心、服务的心、赏识的心、分享的心。只有具有这"五心"，才能使沟通效果更佳，尊重他人，学会赏识他人，与团队伙伴在工作中不断地分享知识、分享经验、分享目标、分享一切值得分享的东西。

◆　相关链接

知名企业的团队沟通技巧

现代企业都非常注重沟通，既重视外部的沟通，更重视与内部员工的沟通，沟通才有凝聚力。以下是一些值得借鉴的好做法：

1. 讲故事

波音公司在 1994 年以前遇到一些困难，总裁康迪上任后，经常邀请高级经理到自己的家中共进晚餐，然后在屋外围着个大火堆讲述有关波音的故事。康迪请这些经理把不好的故事写下来扔到火里烧掉，以此埋葬波音历史上的"阴暗"面，只保留那些振奋人心的故事，以此鼓舞士气。

2. 聊天

奥田是丰田公司第一位非丰田家族成员的总裁，在长期的职业生涯中，奥田赢得了公司内部许多人士的爱戴。他有1/3的时间在丰田城里度过，常常和公司里的多名工程师聊天，聊最近的工作，聊生活上的困难。另有1/3的时间用来走访5000名经销商，和他们聊业务，听取他们的意见。

3. 解除员工后顾之忧

某航空公司总裁凯勒尔了解到员工最大的担心是失业，因为很多航空公司都是旺季时大量招人，在淡季时辞退员工。凯勒尔上任后宣布永不裁员。他认为不解除员工的后顾之忧，员工就没有安全感和忠诚心。从此，该公司以淡季为标准配备人员，当旺季到来时，所有员工都会毫无怨言地加班加点。

4. 帮员工制订发展计划

爱立信是一个"百年老店"，每年公司的员工都会有一次与人力资源经理或主管经理的个人面谈时间，在上级的帮助下制订个人发展计划，以跟上公司业务发展，甚至超越公司发展步伐。

5. 鼓励越级报告

在惠普公司，总裁的办公室从来没有门，员工受到顶头上司的不公正待遇或看到公司发生问题时，可以直接提出，还可越级反映。这种企业文化使得人与人之间相处时，彼此之间都能做到互相尊重，消除了对抗和内讧。

6. 动员员工参与决策

福特公司每年都要制订一个全年的"员工参与计划"，动员员工参与企业管理。此举引发了职工对企业的"知遇之恩"，员工投入感、合作性不断提高，合理化建议越来越多，生产成本大大减少。

7. 返聘被辞退的员工

日本三洋公司，曾经购买美国弗里斯特市电视机厂，日本管理人员到达弗里斯特市后，不去社会上公开招聘年轻力壮的青年工人，而是聘用那些以前曾在本厂工作过，而眼下仍失业的工人。只要工作态度好、技术上没问题，厂方都欢迎他们回来应聘。

8. 培养自豪感

美国思科公司创业时，工资并不高，但员工都很自豪。该公司经常购进一些小物品如帽子，给参与某些项目的员工每人发一顶，使他们觉得工作有附加值。

当外人问该公司的员工："你在思科公司的工作怎么样？"员工都会自豪地说："工资很低，但经常会发些东西。"

9. 口头表扬

表扬不但被认为是当今企业中最有效的激励办法，事实上这也是企业团队中的一种有效的沟通方法。松下公司，很注意表扬人，创始人松下幸之助如果当面碰上进步快或表现好的员工，他会立即给予口头表扬，如果不在现场，松下还会亲自打电话表扬下属。

资料来源：谢敏. 管理能力训练教程（第二版）[M]. 北京：清华大学出版社，2012.

第三节　团队激励管理

一、激励的含义

所谓激励，就是管理者遵循人的行为规律，根据激励理论，运用物质和精神等手段，采取多种有效的方式方法，最大限度地激发下属的积极性、主动性和创造性，以保证组织目标的实现。激励是用人艺术的一个重要组成部分，也是管理者的一项主要职能。

美国心理学家亚伯拉罕·哈罗德·马斯洛（Abraham Harold Maslow）于1943年提出的需求层次理论，可以说是众多激励理论的基础。马斯洛提出的需求层次理论包括两个方面：首先，他把人类多种多样的需求按照依存程度，概括为生理需求、安全需求、社交需求、尊重需求和自我实现需求五个层次，从而构成了人类的需求体系。其次，马斯洛认为，人的需求结构，不仅有层次性，还具有递升性、主导性、差异性和例外性。

众所周知，人的本性之一，就是有一种满足自己需求的欲望。一旦需求有了明确的目标，就会立即转化为动机，从而激发人们去行动。所以，需求是人的行为之源，是人的积极性的基础和原动力，也是激励的依据。在实施激励政策时，管理者应有效地利用马斯洛的需求层次理论。

二、有效激励的手段

（一）目标激励

目标激励，即通过奋斗获得成就与结果。目标分层次，有大小、远近的区别。

（二）物质激励

物质激励，即通过满足个人利益的需求来激发人们的积极性与创造性。

（三）任务激励

任务激励，即让个人肩负起与其才能相适应的重任，由社会提供个人获得成就和发展的机会，激发其献身精神，满足其事业心与成就感。

（四）荣誉激励

人们总是希望得到社会或集体的尊重。对于那些为社会或团体做出突出贡献的人给予一定的荣誉，既能使荣誉获得者经常以此鞭策自己，又可以为他人树立榜样和奋斗目标。

（五）信任激励

同事之间，特别是上下级之间相互信任是一种巨大的精神力量。这种力量不仅可以使人们结成一个坚强的战斗集体，而且能激发每个人的积极性和主动性。

（六）强化激励

正强化，就是对良好行为给予肯定；负强化，则是对不良行为给予否定与惩罚，使其减弱、消退。批评、惩处、罚款等属于负强化。对人的行为进行强化激励时，一是要坚持正强化与负强化相结合，以正强化为主；二是要坚持精神强化与物质强化相结合，以精神强化为主。

（七）情感激励

情感是影响人们行为最直接的因素之一。通过建立良好的情感关系，激发团队成员的士气，从而达到提高功效的目的。

（八）数据激励

数据容易让人产生鲜明的印象，激发出由心而生的感想。数据激励就是把员工的行为结果用数字对比的形式反映出来，习惯叫"数字上墙"，以激励上进、鞭策后进。

除上述所提到的手段外，在具体管理中还可以创造出其他各种各样的激励方法。

三、有效激励的技巧

（一）公平激励技巧

设置透明、公平的运作平台是最重要的激励技巧。公正既是人们内心对社会运行规则的善良愿望，又是善良者对自己所设定的行为准则。对于企业员工来说，一般有三大动机或愿望：获得一定的经济收入、一定的发展空间、和谐舒畅的工作环境。人们的这三种愿望因人而有所不同。有些人更需要钱，他们把薪水看得重些；有些人急于发展，他们更重视学习和发展的机会；有些人把心情舒畅看得更为重要，他们认为心情舒畅是一切的基础。重视公正的人是第三种人，其在需求层次中，尊重层次的需求更为突出。

（二）注重现实表现激励技巧

现实表现最具有当时性，最具有评价诉求。所以，激励必须以现实表现作为最主要的考量，或者说，现实表现是最重要的激励诱因。

注重现实表现进行激励最重要的特点乃是割断历史、就事论事，不让组织成员躺在功劳簿上吃老本。这样，后进入的组织成员就不会因为没有旧功绩而产生不平。对于在历史上有过贡献的组织成员也有好处，即能激发他们重新焕发新的激情，再立新功。所以，注重现实表现成为最常用的激励技巧。

（三）适时激励技巧

作为领导，不能随意假设所有成员的主动性都不会衰退，积极性永远不会改变。恰恰相反，员工的积极性和主动性需要好好养护。有积极性和主动性的员工通常也关注着领导的态度，期盼着所做的工作能及时得到回报。所以，激励一定要及时，只有及时进行激励，才能使成果稳定在最佳形态。

在企业管理中，经常有这样的情况：由于一个员工做了好事未能及时得到激励，则落后的员工就会对做好事不以为然，先进就会被打击，因此，正气就难以抬头。即使以后补给了奖励，也往往因怀疑情结已生，或不满话语已说出口，奖励的效果也可能无法尽如人意。

第四节 团队绩效管理

一、什么是绩效管理

在新的环境下，许多人意识到了绩效的重要性，人人都在谈论绩效，但每个人对于绩效都有自己的理解。

（一）绩效等于结果

绩效可以是最终的成果。对于企业来说，绩效可以作为衡量企业是否盈利以及盈利多少的标准。如果亏损，理所当然就没有绩效可言。对于员工个人来说，如果工作是独立完成的，其绩效可以表现为其个人的工作成果。需要注意的是，在更多情况下，员工的工作只是集体工作的一部分，员工个人的绩效往往只能从员工工作过程中的积极性、主动性和具体能力等方面去评价，而不能一味地要求员工拿出明确的结果。

（二）绩效等于能力

当结果尚未出现而绩效需要及时评价时，过程中的表现就成为评价的依据。工作过程中的表现，最重要的就是员工实际的工作能力，能力强者将发挥其影响力，最终推动组织目标的实现。所以，在老板的心目中，绩效经常是员工的实际工作能力，同样按规则办事，能力强的人可以收到更好的效果。

（三）绩效等于态度

工作是否用心，直接影响着工作的结果。员工要有强烈的工作积极性和主动性，还要有勇于创新的精神和观念，这样才能把工作做好。所以，绩效等于态度。

（四）绩效等于勤奋

命运总是眷顾勤奋的人，有一分耕耘，必然就有一分收获。所以，久而久之，人们慢慢地产生了一种心理定式，即绩效产生于勤奋，勤奋的人才可能有绩效。但是，在现实社会中，手脚勤快的人容易被人看到，从而容易成为公众的"勤奋榜样"，而脑力勤奋者却往往难以被他人所认可。殊不知，先进的工具常常是由在手脚上"偷懒"的人所创造。所以，我们需要勤奋，但如果说绩效等于人们看到的勤奋，则有失偏颇。

（五）绩效等于人脉

善于处理人际关系的员工，绩效往往也不错。与同事关系处理得好，工作协调得好，就容易出成果；与客户关系处理得好，自然也容易获得客户的订单，为公司取得良好的经济效益。

绩效管理是团队维护的一项重要工作，是指员工和管理者就绩效问题所进行的双向沟通的一个过程。在这个过程中，管理者帮助员工订立绩效发展目标，通过沟通，对员工的绩效能力进行辅导，帮助员工不断地实现绩效目标。在此基础上，作为一段时间绩效的总结，管理者通过科学的手段和工具对员工的绩效进行考核，确立员工的绩效等级，并找出员工绩效不足的原因，进而制订相应的改进计划，使员工朝更高的绩效目标迈进。

总之，绩效管理是管理者和员工对话的过程，目的是帮助员工提高绩效能力，使员工的努力与公司的远景规划协调一致，实现员工和企业的同步发展。

二、绩效管理体系的流程

一个完善的绩效管理体系一般具备下列五个流程：设定绩效管理的目标；持续不断地沟通；记录员工的绩效表现，形成管理文档；绩效考核；绩效管理体系的诊断和提高。

可以看出，绩效考核只是绩效管理的一个中间环节，而非全部。绩效考核是对员工一段时间的工作、绩效目标等进行考核，是前段时间的工作总结。考核结果为相关人事决策（晋升、解雇、加薪、奖金）、绩效管理体系的完善和提高等提供依据。

三、绩效考核的目的

绩效考核的目的主要是为员工的晋升、降职、调职和离职提供依据；对员工和团队为组织所做的贡献进行评估；为员工的薪酬决策提供依据；对招聘选择和工作分配的决策进行评价；了解员工和团队的培训与教育的需要；对员工培训和员工职业生涯规划效果进行评估；为工作计划、预算评估和人力资源规划提供信息。

四、绩效考核的类型

绩效考核的类型主要包括以下几种：一是效果主导型。考核的内容以考核结果为主，重点在结果而不是行为。由于它考核的是工作业绩而不是工作效率，所以标准容易制定，并且容易操作。但是，它具有短期性和表现性等缺点，对具体生产操作的员工较适合，但对事务性人员不适合。二是品质主导型。考核的内容以考核员工在工作中表现出来的品质为主。由于其考核需要忠诚、可靠、主动、自信、有创新精神、有协助精神等，所以很难具体掌握。这种类型操作性与效度较差。适合对员工工作潜力、工作精神及沟通能力的考核。三是行为主导型。考核的内容以考核员工的工作行为为主，重在工作过程。考核的标准容易确定，操作性强，适合管理性、事务性工作的考核。

五、绩效考核应遵循的原则

（一）与管理理念一致原则

考核内容实际上就是对员工工作行为、态度、业绩等方面的要求和目标。它是员工行为的导向。考核内容是企业组织文化和管理理念的具体化和形象化，在考核内容中必须明确企业鼓励什么、反对什么，以给员工正确的指引。

（二）有所侧重原则

考核内容不可能涵盖岗位的所有工作内容。为了提高考核效率，降低考核成本，并且让员工清楚工作的关键点，考核内容应该选择岗位工作的主要内容进行，不要面面俱到。

（三）摒弃无关原则

绩效考核是对员工的工作考核，对不影响工作的其他任何事情都不要进行考核。比如员工的生活习惯、行为举止等内容不宜作为考核内容，否则会影响相关工作的考核成绩。

六、绩效考核的方法

（一）等级评价法

等级评价法是绩效考核中常用的一种方法。根据工作分析，将被考核岗位的工作内容划分为相互独立的几个模块，在每个模块中用明确的语言来描述完成该模块所需达到的工作标准。将标准分为多个等级选项，如"优、良、合格、不合格"，考核人根据被考核人的实际工作表现，对每个模块的完成情况进行评估。总成绩便为该员工的考核成绩。

（二）目标考核法

目标考核法是根据被考核人完成工作目标的情况来进行考核的一种绩效考核方法。在开始工作之前，考核人和被考核人应该对需要完成的工作内容、时间期限、考核的标准达成一致。在时间期限结束时，考核人根据被考核人的工作状况及原先制定的考核标准来进行考核。目标考核法适合企业中实行目标管理的项目。

（三）序列比较法

序列比较法是对相同职务员工进行考核的一种方法。在考核之前，首先要确定考核的模块，可以不确定要达到的工作标准。将相同职务的所有员工在同一考核模块中进行比较，根据他们的工作状况排列顺序，工作较好的排名在前，工作较差的排名在后。最后，将每位员工几个模块的排序数字相加，就是该员工的考核结果。总数越小，绩效考核成绩越好。

（四）相对比较法

与序列比较法相仿，相对比较法也是对相同职务员工进行考核的一种方法。

不同的是，它是对员工进行两两比较，任何两位员工都要进行一次比较。两名员工比较之后，工作较好的员工记"1"，工作较差的员工记"0"。所有的员工相互比较完毕后，将每个人的成绩相加，总数越大，绩效考核的成绩越好。与序列比较法相比，相对比较法每次比较的员工不宜过多，范围在 5 ~ 10 人即可。

（五）小组评价法

小组评价法是指由两名以上熟悉该员工工作的经理组成评价小组进行绩效考核的方法。小组评价法的优点是操作简单，省时省力；缺点是容易使评价标准模糊，主观性强。为了提高小组评价的可靠性，在进行小组评价之前，应该向员工公布考核的内容、依据和标准。在评价结束后，要向员工讲明评价的结果。小组评价法最好和员工个人评价相结合。当小组评价和个人评价结果差距较大时，为了防止出现考核偏差，评价小组成员应该首先了解员工的具体工作表现和工作业绩，然后再作出评价决定。

（六）重要事件法

考核人在平时要注意收集被考核人的"重要事件"，这里的"重要事件"是指被考核人的优秀表现和不良表现，并对这些表现形成书面记录。普通的工作行为不必进行记录。根据这些书面记录进行整理和分析，最终形成考核结果。该考核方法一般不单独使用。

（七）评语法

评语法是指由考核人撰写一段评语来对被考核人进行评价的一种方法。评语的内容包括被考核人的工作业绩、工作表现、优缺点和需努力的方向。评语法在我国应用得非常广泛。由于该考核方法主观性强，所以最好不要单独使用。

（八）强制比例法

强制比例法可以有效地避免由于考核人的个人因素而产生的考核误差。根据正态分布原理，优秀员工和不合格员工的比例应该基本相同，大部分员工属于工作表现一般的员工。所以，在考核分布中，可以强制规定优秀员工的人数和不合格员工的人数。比如，优秀员工和不合格员工的比例均占 20%，其他 60% 属于普通员工。强制比例法适合在相同职务员工较多的情况下使用。

（九）情境模拟法

情境模拟法是一种模拟工作的考核方法。它要求员工在评价小组面前完成类似于实际工作中可能遇到的问题，评价小组根据完成情况对被考核人的工作能力进行考核。它是针对工作潜力的一种考核方法。

（十）综合法

综合法，顾名思义就是将各类绩效考核的方法进行综合运用，以提高绩效考核结果的客观性和可信度。

七、绩效考核的有效实施

员工对于绩效考核会有各种各样的担心和焦虑："干吗弄得这么紧张？像考试一样。其实考核不考核，我都会努力工作的。""也不知道管理者按照什么标准打分，我能得高分吗？""今年做的工作跟去年没什么区别，年复一年、日复一日的，干吗又要考核了？""最近业务进展得不太顺利，这下可惨了！年终奖要泡汤了。""我和老板关系一般，他能给我个好分数吗？""管理者总是说要末位淘汰，我真担心自己会被淘汰。""唉！还不知道这次涨工资有没有我的份呢？""和大家一比较，我的销售业绩排在最后，多没面子啊！""我觉得自己干得不错，可谁知道管理者会不会偏心呢？平时默默地干了好多事，管理者都没看见，可有些人经常会在管理者面前表现自己。"

一个组织绩效管理是否成功，很大程度上取决于该组织实现绩效管理的过程。我们可以一个企业为例进行分析。一个成熟的绩效管理体系，包括以下八个步骤。

（一）实施前准备

一个成熟的绩效管理实施，首先离不开大量的准备工作，包括实施前的培训，实施前管理层对绩效管理的重新认识，还包括与绩效管理相关的其他人力资源管理环节的准备。例如，公司是否建立了完善的组织结构，是否具有完善的流程体系，是否确定了各部门的职责，是否建立了岗位责任体系等。

（二）战略规划

绩效管理体系最终要为公司战略层服务，个人目标和部门目标的确定离不开公司层面的战略目标。因此，必须确定公司层面的战略规划，才可以实现目标"自上而下"的分解过程。

（三）部门计划预算

在公司战略规划明晰的基础上，销售部、生产部、采购部等业务部门和行政部、财务部、人力资源部等支持性部门必须做好部门的计划预算。部门的计划预算仅仅有制订的过程还远远不够，各部门制订计划时要首先参照公司级战略规划，同时必须得到公司管理层组建的相关组织的严格审核与确认。

（四）绩效计划

企业级战略规划和部门计划预算确定后，企业接下来需要与公司高管协商确定高管的关键业绩指标，确定部门财务类关键业绩指标和非财务类关键业绩指标以及各指标的定义和权重计算方法。同时，需要沟通、制订实现关键业绩指标要求的行动计划。

（五）绩效控制

在绩效计划执行的过程中，考核者需要及时帮助被考核者了解工作进展，确定哪些工作需要改善、哪些需要学习，必要时可通过指导来完成特定的工作任务。同时，在执行周期中，被考核者没能达到预期的绩效标准时，考核者可借助内部咨询来帮助被考核者克服工作过程中遇到的障碍。另外，如果考核周期较长，考核者需要对被考核者进行阶段性的回顾，以便及时发现绩效计划执行过程中存在的问题。

（六）绩效考核

企业执行绩效考核时，需确定的关键因素包括考核频率、考核对象、考核维度、考核方法、考核流程等。企业不同类型的员工在这几个关键因素上会存在差异。例如，就考核频率而言，其选择在很大程度上取决于考核指标执行效果所需的时间。因此，对于企业的高管，考核周期可能为半年或一年；对于企业的中层，考核周期可能为一个季度；对于企业的一般管理人员、一线员工等，可能采取月度考核。

（七）绩效沟通

很多企业把绩效考核的初步结果直接用作绩效工资发放的依据。这样执行的结果会引起两个方面的问题：被考核者并不信服考核结果；被考核者很难真正了解自己所存在的不足，到了下一个考核周期，依然不能实现绩效改善。因此，企业需要针对绩效考核的结果，与被考核者进行深入的沟通，帮助他们理解考核结果，并辅助下一周期绩效改善计划的制订。

（八）考核结果的运用

很多企业只是将双方所认可的考核结果用于发放奖金，而并没有采取其他与绩效考核结果挂钩的激励措施，这样往往会导致高绩效员工的不满，甚至流失。例如，随着企业招聘高学历员工数量的增加，对于该群体员工的激励，仅仅从物质激励入手还远远不够，还必须采取一些精神激励措施，如晋升、培训、绩效改善等。

八、绩效考核中的误差及调整

（一）对考核指标理解误差

对考核指标理解误差是指由于考核人对考核指标的理解的差异而造成的误差。同样是"优、良、合格、不合格"的标准，不同的考核人对这些标准的理解会有偏差。同样一个员工，对于某项相同的工作，考核人甲可能会评定为"良"，考核人乙可能会评定为"合格"。避免这种误差的措施通常有以下三种：一是修改考核内容。考核内容要更加明晰，能够量化的要尽可能量化，以便考核人能够更加准确地进行考核。二是避免让不同的考核人对相同职务的员工进行考核。同一名考核人考核相同职务的员工，考核结果便具有可比性。三是避免对不同职务的员工考核结果进行比较。考核不同职务的被考核人，其考核内容不同，其考核结果之间没有可比性。

（二）光环效应误差

当一个人有显著的优点时，人们会误以为他在其他方面也有同样的优点，这就是光环效应。考核也是如此。比如，被考核人工作非常积极主动，考核人可能会误以为他的工作业绩也非常优秀，从而给被考核人较高的评价。在进行考核时，考核人应该将所有被考核人的同一项考核内容同时考核，而不要以人为单位进行考核，这样可以有效地防止出现光环效应。

（三）趋中误差

考核人倾向于将被考核人的考核结果放置在中间位置，这样会产生趋中误差。这主要是由于考核人害怕承担责任或对被考核人不熟悉造成的。在考核前，对考核人员进行必要的绩效考核培训，消除考核人的后顾之忧，同时避免考核人对不熟悉的被考核人进行考核，可以有效地防止趋中误差。

（四）近期误差

由于人们对最近发生的事情记忆深刻，而对以前发生的事情印象浅显，所以容易产生近期误差。考核人往往会用被考核人近一个月的表现来评判其一个季度的表现，从而产生误差。消除近期误差的最好方法是考核人每月进行一次当月考核记录，在每季度进行正式的考核时，参考月度考核记录来得出正确的考核结果。

（五）个人偏见误差

考核人喜欢或不喜欢被考核人，都会对被考核人的考核结果产生影响。考核人往往会给自己喜欢的人较高的评价，而给自己不喜欢的人较低的评价，这就是个人偏见误差。采取小组评价或员工互评的方法可以有效地防止出现个人偏见误差。

（六）压力误差

当考核人了解到本次考核的结果会与被考核人的薪酬或职务变更有直接的关系，或者惧怕在考核沟通时受到被考核人的责难时，考核人会因压力产生判断误差。鉴于上述压力，考核人可能会做出偏高的考核。解决压力误差一方面要注意对考核结果的用途加以保密，另一方面在考核培训时让考核人掌握考核沟通的技巧。如果考核人不适合进行考核沟通，就要考虑换人。

（七）完美主义误差

考核人如果是一位完美主义者，往往会放大被考核人的缺点，从而给被考核人进行较低的评价，造成完美主义误差。解决该误差，首先要向考核人讲明考核的原则和操作方法，还可以增加员工自评，与考核人考核进行比较。如果差异过大，应该对该项考核进行认真分析，看看是否出现了完美主义错误。

（八）自我比较误差

考核人不自觉地将被考核人与自己进行比较，以自己作为衡量被考核人的标准，就会产生自我比较误差。解决办法是将考核内容和考核标准细化与明确，并要求考核人严格按照考核要求进行考核。

（九）盲点误差

考核人由于自己有某种缺点，而无法看出被考核人也有同样的缺点，这就造成了盲点误差。盲点误差的解决方法和自我比较误差的解决方法相同，重在与考核要求进行比照。

【拓展阅读】

一、俞敏洪破解组建核心创业团队之道

在"改变企业命运的商业模式公开课"上，新东方教育科技集团创始人兼董事长俞敏洪对创业初期如何组建核心团队谈了自己的看法，从新东方最早的核心成员加盟过程，他分析表示，利益吸引人是很难的，而价值观和创业愿景以及对于彼此的尊重才是最大的吸引力。以下是俞敏洪的精彩叙述：

（一）从包产到户到雄心壮志

我喜欢跟一批人干活，不喜欢一个人干。创业初期，环顾周围的老师和工作人员，能够成为我的合作者的几乎没有，看来合作者只能是我大学的同学。我就到美国去了，跟他们聊天，刚开始他们都不愿意回来。当时王强在贝尔实验室工作，年薪 8 万美元，他一个问题就把我问住了："老俞，我现在相当于 60 万元人民币，回去了你能给我开 60 万元人民币的工资吗？另外你给我 60 万元，跟在美国赚的钱一样，我值得回去吗？"当时新东方一年的利润也就是 100 多万元，全给他是不太可能的。

两个因素导致他们都回来了。第一，我在北大的时候，是北大最没出息的男生之一。我在北大四年什么风头都没有出过，普通话不会说，考试也不好，还得

了肺结核，有很多女生直到毕业还不知道我的名字。我去美国时中国还没有信用卡，带的是大把的美元现钞。大家觉得俞敏洪在我们班这么没出息，在美国能花大把大把的钱，要我们回去还了得吗？因为他们都觉得比我厉害。我用的第二个方法，就是告诉他们："如果我回去，我绝对不雇用大家，我也没有资格，因为你们在大学是我的班长，又是我的团支部书记，实在不济的还睡在我上铺，也是我的领导。中国的教育市场很大的，我们一人做一块，依托在新东方下，凡是你们那一块做出来的，我一分钱不要，你们全拿走。你们不需要办学执照，启动资金我提供，房子我来帮你们租，只要付完老师工资、房租以后，剩下的钱全拿走，我一分钱不要。"他们问："你自己一年有多少总收入？""500万元。"他们说："如果你能做到500万元，我们回去1000万元。"我说："你们肯定不止1000万元，你们的才能是我的10倍以上。"我心里想到底谁能赚1000万元还不知道呢！就这样，我把他们忽悠回来，2003年新东方股份结构改变之前，每个人都是骑破自行车干活。第一年回来只拿到5万元、10万元，到2000年每个人都有上百万元、几百万元的收入。所以大家回来干得很好、很开心。因为是朋友，大家一起干，要不然一上来就确定非常好的现代化结构，但是在当时我根本不懂。我这个人最不愿意发生利益冲突，所以就有了"包产到户"的模式，朋友合伙，成本分摊，剩下的全是你的。

公司发展时期的三大内涵，第一是治理结构，公司发展的时候一定要有良好的治理结构；第二是要进行品牌建设，品牌建设不到位的话，公司是不可能持续发展的；第三是利益分配机制一定要弄清楚。到第三步不进行分配是不可能的，人才越聚越多，怎么能不进行分配呢！

（二）改革改的不是结构而是心态

实行股份制前，新东方每人都是骑自行车上班，股份分完第二天一人配一辆车，一下子配了11辆车，特别有意思。

改革改的不是结构，而是心态。心态不调整过来，结构再好也没有用，这就是美国的民主制度不能完全搬到中国来的原因，制度可以搬，但人的心态不往上面走，文化组织结构不往上面走，是没有用的。新东方股权改革后，两个问题出现了，第一，原来的利润是全部拿回家的。新东方年底算账，账上一分钱不留，都分了。现在公司化，未来要上市，就得把利润留下，大家心理马上就失衡：原来一年能拿回家100万元，现在只有20万元，80万元要留在公司，而且公司干得成干不成不知道，未来能不能上市也不知道。眼前的收入减少80%。怎么办？不愿意。第二，合一起干之后，本来我这边100%归我，现在80%不是我的，动力就没有了。又要成立公司，又要分股份，又不愿意把股份留下。新东方人荒谬到什么地步！

大家觉得股权不值钱，拿10%的股份，不知道年底能分多少红，开始闹。我就给股份定价："如果大家实在觉得不值钱，我把股份收回来，分股份的时候，这个股份都是免费的，现在每一股一块钱收回来，一亿股就值一亿元人民币，我把你们45%的股份收回来。"我说收，他们不回我。我又提议："我跑到家乡去开一个小学校总可以吧？"我不干了，他们也不敢接。最后我说："我把股票送给你们，我持有的55%股份不要，我离开新东方，你们接。"结果他们也不讨论，他们想：我们现在联合起来跟你打，但你走了，我们是互相打。我向他们收股票，他们虽不愿意卖，但这带来两个好处，一是表明我是真诚的，更重要的是给股票定了一个真正的价格，他们原来觉得定一块钱是虚的，"你定一块钱，这个股票值不值钱不知道"，现在我真提出用一块钱一股买回来的时候，他们发现这个股票是值钱了，因为最多分到10%，10%等于1000万股，如果10%买回来，相当于1000万元现金，他们觉得值钱了。

（三）股份比领导地位具有话语权

大家不愿意把股份卖给我，于是得出一个结论：新东方之所以这么乱，俞敏洪缺乏领导能力，最好的办法是俞敏洪你不当领导，我们自己选领导。我说"行"，于是就从董事长、总裁的位置上退下来。他们开始选，每个人都想当，他们想得很简单，只要俞敏洪离开，一上去就能整理得干干净净。他们开始做领导，我退出来。我拥有新东方创始人的头衔，而且是拥有55%股份的人，结果董事会都不让我参加。说你往我们这儿一坐，我们不知道怎么开会了，不知道怎么批判你了。总裁办公会不让我参加，新东方校长联系会也不能参加，我变成新东方普通老师，拎着书包上课去。从2001年底开始一直到2004年10月份，他们每个人都当过董事长和总裁了，结果谁上去都整理不好，最后把我叫回去："董事长、总裁这个位置不是人做的，还是你来做。"我2004年的9月份才回到总裁的位置上。这有一点儿像小孩过家家，其实主要错还在于我，如果我以现在的本领去管新东方，两天的时间就管完了。

我当时连有限公司跟无限公司都搞不清楚，自己搞不清楚还请好几个咨询公司。我们先请中国咨询公司，给我们咨询半天，说："新东方这一帮人没法弄，你们一开会就说感情多么深厚，也不谈管理，算了我们不咨询了！"咨询费都不要了。我们想国内咨询公司不行，又请了国际咨询公司，请普华永道，给他们300 万元。他们说"太简单了"，弄了无数的报表，但是没有一个人照着做。新东方11 个人全是董事会成员？那也没事，按照规矩，11 个董事成员就某一个问题解议，只要6 个人同意就算通过，5 个人反对也没有用。实际操作时却是一票否决制——大家都是哥们，只要某个人说这件事不能干，其他 10 个人同意也没有用。没有一件事情能够做下去的。董事会从早上开到第二天深夜两点钟，没有解决一个问题。普华永道干了三个月，说："我们不要钱了，我们走。你们新东方是不可能干企业的，你们都是北大的书呆子，个人感情非常容易影响情绪，感情怕受到伤害，不可能干成事情。我们不管了，钱也不要了。"其实后来我拥有新东方45% 的股份，并没有到55%，因为我把这10% 留下来作为发展人才的股份基金，之后用三年的时间把那个股份稀释掉了，资本又来稀释，新东方上市的时候我的股份只有20%。

新东方到2005 年融到国际资本之后，就开始做上市的准备。实行股份制后，原来的人员从出纳、会计到财务经理全部放光，一个不留。这不是表达对我的不信任，他们认为我跟这些财务人员的根基太深，创业开始就跟着我，俞敏洪下个命令想贪污一二百万元，他们还不就拿出来？所以绝对不能让俞敏洪的财务人员控制新东方，从2001 年开始新东方财务人员就变成外勤的财务人员，而且从那时开始我就不当董事长了，带来的好处是新东方的财务结构必然正规化。我不当董事长，也要看账，他们也想看账，账目必须永远公开，永远只能做一套账，不能做两套账。新东方进行上市筹划的时候，财务结构相当完整。不过当时我生气得想自杀：我做了这么长时间，把你们这些哥们请回来，最后迎来的是对我的强烈不信任，恨不得把我弄死，还是人吗？他们倒过来也觉得我不是人，等看到后来的新东方才知道，这一帮人真的给新东方带来很大的发展。

过去自己一个人演独角戏时各种成功与荣耀都集中在自己身上，自己也可以一言九鼎。但是当组织结构不断扩大，仅靠一个人的力量无法完成整个机构的运转时，吸取他人的意见和建议成为管理成功的关键。在现代化的管理组织机构建立的过程中，自己的决策能力必然会被越来越多的智囊所淡化，同事们的直言甚至可能伤害自己的尊严。那么，作为一个管理者，应该加强与团队中所有人员的相互了解。只有对每个人的个性、道德品格、缺点非常了解后，大家才可能一起进行批评和自我批评，而且是毫不留情面。了解方式可以是工作中的互相切磋，可以是哥们似的促膝谈心，根据不同同事的性格制造增进了解的机会非常必要。

当你知道了对方的缺点，也同时知道对方优点的时候，做一件事情要学的就是尽可能使用对方的优点，避开对方的缺点。对任何一个人的优点弘扬，可以使自己团队中的每一个人都是在应用自己的长处做事。同时作为一个管理者只有看到大家的长处，并认可长处，才有可能心服口服地把曾经属于自己的权力、荣誉逐渐让渡。每个管理者都希望成功，任何一个优秀的同事也渴望成功，让更多优秀同事享受你让渡的荣耀是团队凝聚力形成的重要原因之一。

二、新东方创始人

俞敏洪，出生于 1962 年 10 月，在江苏省江阴市接受中小学教育。于 1980 年考入北京大学西语系。其间患病休学一年，1985 年从北京大学毕业，留校担任北京大学外语系教师。1991 年 9 月，俞敏洪从北大辞职，进入民办教育领域，先后在北京市一些民办学校从事教学与管理工作。1993 年 11 月 16 日，俞敏洪创办了北京市新东方学校，担任校长。从最初的几十个学生开始了新东方的创业过程。

王强，男，1984 年在北京大学英国语言文学系取得学士学位，后留校担任英语系助教，讲师。1987 ~ 1988 年在美国纽约州立大学英语系做访问学者。1990 年自费赴美留学。1993 年在美国纽约州立大学计算机科学系取得硕士学位。1994 年进入美国著名的"贝尔传讯研究所"工作，担任软件工程师。1995 年曾获"贝尔传讯研究所"部门"成就奖"。1996 年 10 月回国，加入北京新东方学校创业团队，先后设计并启动了新东方学校的英语基础培训课程、实用英语学院课程以及计算机培训课程。先后担任过北京新东方学校主管教学与培训的常务副校长、新东方教育集团产业副总裁及董事长。

徐小平，1956 年生于江苏省泰兴市，曾在泰兴市襟江小学学习。1983 年毕业于中央音乐学院。1983 ~ 1987 年，先后担任北京大学艺术教研室教师、北京大学团委文化部长、北大艺术团艺术指导。1987 ~ 1995 年，在美国、加拿大留学后定居，并在加拿大萨斯卡彻温大学获音乐学硕士学位。1996 年 1 月回国，建立创业实验田——新东方咨询处，从事新东方出国咨询和职业规划咨询事业。2010 年离开新东方，创立"真格"天使投资基金，成功案例为世纪佳缘。

包凡一，董事会股东，教育集团图书事业部总监，新东方前程咨询有限公司首席写作顾问。1963 年出生于杭州市一个知识分子家庭。1980 年以浙江省英语总分第二名的成绩考入北京大学英语系，毕业后先后在新华社担任记者、英文编辑等。1988 年留学加拿大，获得传播学硕士学位以及 MBA 学位，毕业后曾就职于美国通用汽车公司。1997 年回国，加入新东方。他是北京新东方学校的创始人之一，把出国留学文书写得出神入化；在新东方这个需要好嗓子吸引学生的地方，他不动声色，创下了新东方历史上"曲高而和者众"的纪录；从读书人到出书人，在短短两年时间内，他使新东方的图书出版额从 2000 多万元增长到了 1 亿元。

三、新东方股权处置

新东方最早时是否存在清楚的股权结构，现在已经难以考查，但自形成"三驾马车"（俞敏洪、王强、徐小平）之后，肯定存在原始股权的首轮再分配。在有关胡敏退出新东方事件的报道中曾有披露：胡敏在新东方持有少数股份。由此推知：在 1999 年新东方扩大其规模之后，俞敏洪处置过原始股权，通过拆股，网罗新东方的精英班底。

2003 年，新东方组建教育科技集团，俞敏洪对早期的股权进行再分配，原来身为新东方第二大股东的王强主动退出旧股东团队，一些股东也乐意跟着王强一道淡出。而王强等人退股所需的费用，由于老虎基金的及时进入，并没有造成新东方资金上的动荡。否则单靠俞敏洪一个人，很难让新东方股权改制做到收放自如。当时俞敏洪尚没有能力消化退股的股份，当然他也并不愿意主动回购其他股东手上的股权。所以新东方于这个时候引进老虎基金，恰逢其时。当时的新东方董事会由俞敏洪（总裁）、王强（教育发展研究院院长）、徐小平（文化发展研究院院长）、周成刚（高级副总裁）、包凡一和钱永强组成。还有两位副总裁是陈向东和王修文，而至关重要的首席财务官由谢东萤担任。

一份签署于 2004 年 12 月 24 日的《享有优先受偿和共同销售的协议》（*Right of First Refusal and Co-Sale Agreement*）揭示真相。协议附有当时新东方的持股股东状况。文件显示：截至协议签署之日，新东方共有 12 位股东，总持股为 9481 万股。经与招股说明书相比较发现：① Tigerstep Developments Limited（俞敏洪母亲 Bamei Li 名下的公司）原持 4665 万股，较现在多 265 万股。② Capital River Group Limited（大约 300 名新东方员工持股的公司）持股与现在相同，这说明俞敏洪在运作新东方的过程中，始终在争取并维护员工的利益，此举值得赞赏。③ Peak Idea International Limited（徐小平名下公司）原持 1037 万股，较现在多 300 万股。④ Forthright Trading Limited（杜子华名下公司）原持 624 万股，较现在多 60 万股。

除了这四家股东仍然是新东方的股东之外，其余八家股东已经全部退出（至少从公开的资料上看是这样的情况，但鉴于中国内地公司的实际运作状况，不能确定有旧股东仍暗中享有当前权益的可能）。经与其他文件参照追溯，发现实际上新东方的主要"元老"都持有过其股权，他们是，王强——Success Tycoon Limited（现任新东方教育发展研究院院长）；包凡一——Easebright International Limited；何清泉（音，Qingquan He）——Time Promise Investments Limited；李利/莉（音，Li Li）——Strong Great International Limited；钱永强——Fame Gain Investments Limited；郝松（音，Song Hao）——Challenge Now Limited；纪扬（音，Yang Ji）——Central Plains Limited；杜伟——China Central Limited（现任南京新东方学校校长）。

换言之，在 2004 年和 2005 年引入财务投资人老虎环球基金之后，新东方共有八家股东全部售出的股权，除 Capital River 外，现在仍为新东方股东的 Tigerstep、Peak Idea 和 Forthright 都相应减少了所持股份，所有这些股权，均在这期间被出售给老虎环球基金。而 Tigerstep、Peak Idea 和 Forthright 实际上都不能算是新东方的投资方，准确地说，是原持股者。

在引入老虎环球基金和重塑新东方的过程中，俞敏洪并不轻松。俞敏洪曾说："从 2000 年底开始，一直到 2003 年底，是新东方发展历程中最痛苦的阶段。在各式各样利益、权利与人性的较量面前，新东方很多次都差一点儿崩溃"是指在对新东方股权进行重新分割与旧股东退出这两个过程中所遭遇的情况。最终历尽劫难，"一笑泯恩仇"，总算让新东方顺利驶向了资本彼岸。但不能因此说新东方的"江湖恩怨"就全都没有了。在新东方上市之后，罗永浩，原新东方教员，就非常不客气地公开评论，"俞敏洪是我这辈子见过的最没有原则的人之一"。对于像罗这样的心态，俞敏洪实际十分清楚。所以，俞敏洪自动表示放弃 4400 万股的权益，所展示的是其"文人道德"的姿态，借以平息新东方"元老"们的不忿。

这种新东方式的股权重塑阵痛，对许多中国企业，尤其是那些早期家族色彩浓厚的企业颇有启迪意义。新东方如果未能顺利厘清之前杂乱的股权，一则因股东结构太复杂，很难在美国上市；二则也很难引起财务投资人老虎环球基金的兴趣。

单靠俞敏洪一个人，很难让新东方股权最终收放自如，因为俞敏洪既没有能力，也并不愿意主动回购其他股东手上的股权。有两重因素决定了新东方的成功：一是外部资金介入回购。老虎环球基金以每股 2.225 美元的价格进行收购，对一些旧股东来说是有吸引力的。因为，收购之时，新东方的财务状况并不理想，每股净资产要远低于上述单价。二是内部助力。"三驾马车"中王强的退出确实起到很好的说服作用。在俞敏洪和徐小平均不愿意退出的时候，当时身为新东方第二大股东的王强毫无保留地主动退出旧股东集体，让其他股东也乐意跟着这样做。在这里，新东方所标榜的"文人道德"产生了极大的效力。事实上，新东方的旧股东中不乏熟悉美国资本市场的人物，但他们最终还是跟着王强一道淡出。

资料来源：俞敏洪：破解组建核心创业团队之道 [N]. 中国经营报，2011-04-24.

📖【能力训练】

1. 每一个团队都有自己的管理风格，你所在的团队的风格是怎样的？

2. 你所在的团队有何优缺点？如果你是团队的管理者，你将采取何种措施管理你的团队？

3. 如果你所在的公司缺乏积极向上的敬业精神，作为下属，你该如何替领导分忧？

4. 请为你所在的公司或团队设计岗位职责及人员分工表。

5. 课堂活动

报纸建塔

• 活动目的：激发团队的创新意识和团队成员的参与意识以及团队活动中的工作分配与责任承担。

• 所需时间：20 分钟。

• 所需材料：每组 10 张报纸，一卷双面胶，一只橘子。

• 活动地点：教室。

• 活动要求：4～5 人一组。

• 具体步骤：

（1）发给每个小组材料，并说明每组要在 15 分钟之内用这些材料建一座好看又稳固的塔，塔顶放置一只橘子。

（2）做完之后，大家进行评比，看看哪一组的最美、最高、最稳固。

· 活动总结：活动过程中，你所在小组的每个人是否都有参与？当别人参与程度不够时你有什么感受？活动中你的创意是怎样得来的？你对你们小组的合作有什么看法？

提示：团队意识来源于为别人做了什么，应当从点滴培养。

第八章 创业道德与社会责任

小故事大道理

远涉重洋的一封来函

武汉市鄱阳街的景明大楼建于 1917 年，是一座 6 层楼房。在 1997 年也就是这座楼度过了漫漫 80 个春秋的一天，突然收到当年的设计事务所从远隔重洋的英国寄来的一份函件。函件告知：景明大楼为本事务所 1917 年设计，设计年限为 80 年，现已到期，如再使用为超期服役，敬请业主注意。

启示：80 年，不要说设计者，就是施工人员恐怕也不在世了吧。竟然还有人为它操心，还在守着一份责任、一份承诺。这就是企业的社会责任。

【学习目标】

◇　理解创业道德与社会责任的内涵和意义
◇　掌握利益相关者分析的方法

【章首案例】

高原牧民的生计方式还是世界奢侈品的时尚元素

"藏族人和美国人的女儿益西·德成（Dechen Yeshi）为了寻找自己在西藏的根，离开纽约，在喜马拉雅高原一个海拔 3200 米的游牧村落重新生活了下来，还开起了一个牦牛绒纺织作坊，使当地的人们重新获得了工作机会。而在巴黎时装屋里，时尚狂人则为牦牛绒披肩争得头破血流。"《美丽佳人》（*Marie Claire*）杂志 2012 年 10 月对诺乐（Norlha）的专题报道以这样一段描述开头讲述诺乐品牌背后的故事。

10 年前，22 岁的益西·德成刚刚大学毕业。在母亲的建议下，她带着一个小小的摄像机，开始了冒险之旅。这个有着一半藏族血统和一半美国血统的姑娘第一次来到甘南藏族自治州时，一句藏语都不会说。谁也没想到，她会在这里安家、落户、结婚、生子。与德成一同成长的是她的牦牛绒产品手工作坊诺乐。诺乐以当地牦牛绒为原料，以最传统的编织工艺和全天然矿物染料制作毯子和披肩，如今已经拥有 150 多名员工，年产 9000 条毯子和披肩。客户包括路易威登、爱马仕和索菲亚等奢侈品牌企业。

长期以来，牦牛一直是藏民生活中不可缺少的部分。虽然全身都是宝，但是牦牛的价值仅有在合适的年龄出售才能真正体现，这意味着，拥有二三十头牦牛的普通藏族人家如果单纯靠放牧生活，每年卖出几头适龄牦牛，一年只能换来一万多元的生活费，生活并不宽裕。与此同时，每年春天牦牛脱落的第一层细绒却因为采集困难、外部收购价格低而常常被牧民们放弃。

诺乐改变了这一切。与单纯出售原料相比，手工制作牦牛绒制品不仅有较高的附加值和市场认可度，而且，整个工厂的产品和经营策略都以企业愿景——解决当地藏民就业为中心，为了雇用更多的人，诺乐坚持手工制作，并且从不解雇员工。由于手工制作的特殊性，从员工培训到最终的生产，诺乐的节奏都很"慢"，但正是这种"慢"工出来的细活，才赋予产品大规模机器生产不具备的品质感和手工产品特有的情感体验，这与奢侈品牌的产品诉求不谋而合。

一个创新的想法就改善了藏民的贫困生活。益西·德成创办的诺乐就是一家典型的"社会企业"，通过商业手法运作，赚取利润用以贡献社会，她所承担的社会责任除了产品品质以外，具体体现在以下几个方面：

一、文化繁育

诺乐的始创者相信，无论在任何地方，文化的繁荣都与人民的幸福感息息相关，而丰足的物质基础是文化发展的必要保障。捻线、织造、压制毛毡……这些工作不仅取材于牧民们熟悉的当地原料，更让他们不需要背井离乡就可以丰衣足食。让牧民们在家乡拥有生活来源，为牧民们更好地参与诸如赛马、基础建设、各种节庆的文化活动提供了保障。

二、生态保护

长期以来，青藏高原一直面临着过度放牧所带来的生态危机。游牧业一直是当地唯一的收入来源。诺乐通过给牧民提供不同的就业机会，有效预防和控制放牧对草原带来的负面影响，为草原生态平衡的持久健康发展做出了贡献。

三、当地就业

诺乐致力改变当地牧民单纯依赖本地生态资源谋求生存的就业现状，为牧民的收入来源提供了多元化的选择。在不需要离开家园的前提下，诺乐为那些完成了自身学业但是不希望从事游牧业工作的年轻人提供了更多的可能。在当今不断发展的经济环境中，诺乐为这一地区的经济带来了可持续发展的活力和放牧以外的有尊严的就业选择。

诺乐的品牌代表着奢侈品和耐用品的有机结合，其在很大程度上满足了那些最挑剔的奢侈品购买者对源自有机和天然手工制品的需求。与此同时，诺乐在实质上为一个落后区域提供了一种新鲜的生活方式。诺乐在兼顾产品内在所需的高雅大方以及完美的消费个人体验的同时，也真正承担起了企业的社会责任，实现了自身的使命和意义。

资料来源：整理自实地考察资料与网络资料。

【理论知识】

企业是一个经济组织，也是一个社会组织。作为社会的组成成员，企业就负有社会责任和义务，从而构建一个更加和谐的社会。新中国成立以来，从实现工业化到改革开放大规模的发展，企业在推动社会经济技术的进步历程中发挥着重要的作用，企业在我国经济繁荣发展中也扮演着重要的角色。然而，在亚当·斯密自由经济理论的指导下，企业以各种手段和方式不断追求自身利益最大化的目标，与经济繁荣发展局面形成巨大反差的是一系列有关环境污染、资源浪费、侵害消费者合法权益、损害员工合法权益等问题，究其原因是企业缺乏社会责任的结果。

第一节　企业社会责任金字塔

美国佐治亚大学教授阿奇·卡罗尔（Archie Carroll）于 1979 年提出企业社会责任"金字塔"(Pyramid of Corporate Social Responsibility) 概念。卡罗尔把企业社会责任看作一个结构成分，关系到企业与社会关系的四个不同层面。他认为，企业社会责任包含在特定时期内，社会对企业等经济组织所寄托的经济上的、法律上的、伦理上的和企业自行裁量（慈善）上的期望。

一、经济责任 (Economic Responsibilities)

经济责任包含使股东获得好的回报，使雇员获得公正的雇用条件，使消费者可以用合理的价格获得高质量的产品等内容。经济责任是其他社会责任的基础，它反映了企业作为营利性经济组织的本质属性。对于企业而言，经济责任是最基本也是最重要的社会责任，但并不是唯一责任。

二、法律责任 (Legal Responsibilities)

法律责任包含自觉守法的意识、对法律的尊重和敬畏精神以及勇于承担责任的胆识。作为社会的一个组成部分，社会赋予并支持企业承担生产性任务、为社会提供产品和服务的权力，同时也要求企业在法律框架内实现经济目标，因此，企业肩负必要的法律责任。

三、伦理责任 (Ethical Responsibilities)

伦理道德包含遵守商业道德，诚实守信、公平交易等内容。尽管企业的经济和法律责任中都隐含着一定的伦理规范，社会公众仍期望企业遵循那些尚未成为法律但却是社会公认的伦理规范。

四、企业自愿执行的责任 (Discretionary Responsibilities)

社会通常还对企业寄予了一些没有或无法明确表达的期望，是否承担或应该承担什么样的责任完全由个人或企业自行判断和选择，这是一类完全自愿的行为，例如，慈善捐赠、为社区做贡献、为受灾群众提供住所等，卡罗尔将此称为企业自行裁量责任。

从企业考虑的先后次序及重要性出发，卡罗尔认为这是金字塔形结构，经济责任是基础也占最大比例，法律的、伦理的以及自行裁量的责任依次向上递减（如图8-1所示）。

阿奇·卡罗尔对企业社会责任的界定在学术界被认为是企业社会责任研究的一种进步，引进了企业社会责任的新概念框架，既有可理解性又有综合性。

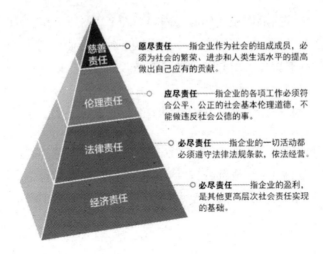

图 8-1　企业社会责任金字塔

第二节　创业者与创业团队的社会责任

一、企业社会责任的定义

"企业社会责任"一词起源于美国。1923 年，英国学者欧利文·谢尔顿（Oliver Sheldon）在美国进行企业管理考察时提出了"企业社会责任"的概念，在其《管理的哲学》一书中，谢尔顿把企业社会责任与公司经营者满足产业内外各种人类需要的责任联系起来，并认为企业社会责任有道德因素在内。

社会责任概念于 20 世纪 90 年代传入中国，最早专门研究企业社会责任的文献是 1990 年袁家方主编的《企业社会责任》，其将社会责任定义为："企业在争取自身的生存与发展的同时，面对社会需要和各种社会问题，为维护国家、社会和人类的根本利益，必须承担的义务。"

上述两个概念用到了"应该"和"必须"两个词语，从中可以看出，履行社会责任是任何一个企业的"义务"，这里的"义务"不仅仅指法律层面，还含有道德层面的内容。同时，这两个概念都充分考虑了企业的利益相关者，这里的利益相关者是指内部的股东和雇员，外部的消费者、供应商、社区、普通公众、政府、竞争者等。

二、利益相关者分析

企业的社会责任在不同的国家或同一国家的不同历史时期有着不同的内容。从总体上看，早期的企业社会责任仅指企业进行慈善活动和其他社会福利活动的道德义务。随着企业对社会影响力的不断增强和人们对安全、环境污染、生态环境保护等社会问题的日益重视以及由此产生的强制性立法的逐步增强，企业的社会责任亦相应地包含了更为宽泛的内容，如图 8-2 所示。

图 8-2 企业的利益相关者

企业对哪些利益相关者负有社会责任提供了一个分析的方法。所谓利益相关者是指能够影响企业的战略决策、战略政策、战略行动或战略目标的个人或者团体，或是能够受到企业战略决策、战略政策、战略行动或战略目标影响的个人或团体。根据利益相关者与企业关系的紧密程度，一般将这些利益相关者分为两大类：一类是企业内部利益相关者，即股东和雇员；另一类是企业外部利益相关者，他们不是企业内部人员，但将受到企业作为产品生产者和销售者所开展的一些活动的影响。企业外部利益相关者通常包括顾客、供应商、政府、竞争者、当地社区和普通公众等。

三、企业对利益相关者的责任

由于企业的利益相关者极为广泛，对企业所承担的社会责任的具体内容亦难以做出全面的划定，因此，无论是在学术界还是在企业管理的实践方面，对企业社会责任的外延尚无统一的界定。一般而言，企业对利益相关者的主要社会责任包括以下五个方面：

（一）企业对员工的责任

员工的利益和命运与企业的经营状况休戚相关，因此，员工是企业重要的利益相关者。在竞争异常激烈、社会经济环境十分复杂的今天，企业的竞争终究是人才的竞争，员工的能力决定了企业的竞争水平。企业作为员工的雇主，有义务和责任保障员工的合法权利，尊重员工的人身自由。具体来说，企业对员工的责任既包括劳动法意义上的保证员工实现其自由的就业权和择业权、劳动报酬获取权、休息休假权、劳动安全卫生保障权、定期或不定期获得职业培训的权利、社会保险和社会福利待遇取得权等法律义务，也包括企业按照高于法律规定的标准对员工担负的道德义务。例如，员工待遇不仅仅是钱的问题，海底捞对员工承担的社会责任体现在很多细节。餐饮行业大多包吃包住，但很多餐饮企业服务员住的是地下室，吃的是店里的伙饭。海底捞的宿舍一定是有物管的小区，房间虽然挤一点，但是档次较高，且配有电脑和宽带，通常还配有专门的阿姨为员工洗衣做饭。另外，海底捞的新员工培训，包括如何使用ATM，如何买卡、充值、乘坐地铁等。这是企业在帮助自己的员工、帮助那些农民工去融入一个城市。这种待遇，如何不让员工心存感激，努力在自己的岗位上发挥自己的潜力和价值？

一个成功的企业，必定是善待员工、发挥员工的创造力和积极性的好企业，只有照顾好员工，给予信任，他们才能更好地照顾好用户。

（二）企业对消费者的责任

消费者对企业产品或服务的接受程度决定着企业的发展前景，因此，企业对消费者负有责任。企业所生产的商品或服务最终是提供给消费者，企业出让了商品的使用价值而获得价值，只有消费者购买了产品或服务企业才能获得收益，而消费者生活水平的高低在很大程度上取决于企业所生产的产品或服务的质量。企业对顾客或消费者的社会责任体现在不生产伪劣产品和有害有毒产品，不歪曲或故意隐瞒产品或服务可能妨碍顾客自由选择的信息，诚实而完整地告知顾客有关企业产品或服务的构成、目的和使用方法，要尊重购买者选择产品或服务的自愿性，不在消费者购买和选择产品或服务时获取不正当的优势，在产品的设计上要尽最大努力防止可预见性的伤害等。例如，长城汽车建立了各种数据库和信息系统确保汽车召回活动的精准追溯等。

对于所有的企业或创业者，社会责任最本源、最基本的一点，就是要通过整个供应链的共同努力，提升企业自身产品质量，并做到从生产、推广、销售到售后等整个链条的每个环节满足法律法规要求，从而为社会长期、稳定地提供安全、符合规范的产品，以最大限度地满足人们生活及工作需要。

（三）企业对环境和资源的责任

目前，人类生存的唯一环境只有地球，而资源也是人类得以生存和发展的关键。环境和资源的保护与合理利用不仅关系到当代人的切身利益，而且事关子孙后代的生存和发展。因此，企业的发展应以保护环境和资源为前提，凡是以污染环境、浪费资源为发展前提的企业最终都将被社会淘汰。企业在发展过程中，除了应做到严格按照环境法律和监管措施进行经营外，还应当能够开发出有利于保护环境和节约资源的新技术和新产品；相关企业应说明如何处理工业材料和有毒物质以及将这些物质处理到了什么地方；创业者或企业负责人应以资源节约型和环境友好型理念作为指导，开展绿色生产和绿色营销，企业在追求当代人需要的同时要以不伤害后代人的生存和发展为前提走科学发展之路。

（四）企业对社区的责任

社区与企业密不可分，社区的经济繁荣发展有企业的功劳，但是，社区的环境污染也主要是由企业所造成，例如，大量的产品包装垃圾和水污染、空气污染、噪声污染等。同时，社区为企业提供治安、劳动力、基础设施等方面的主要保障，从而使企业的生产经营活动得以正常开展。因此，企业因其外部性而与其所在的社区有着密不可分的联系，这就意味着企业理应承担起自己对社区的责任，如减少或消除对社区的各种污染与干扰，积极参与并资助社区公益事业和公共工程项目建设，成为社区中提供良性就业和规律性就业的组织，适量购买本地产品等。例如，创行（Enactus）中国区企业发展经理张盛说："我们创行的使命是鼓励青年在校大学生以企业家的思维和行动去创造一份美好的社区生活，创行的运营模式是在高校给大学生组建社团，在学生行政部门和老师的指导下，由学生自发地去帮助或解决需要帮助的社区问题，在这一过程中创行也会为学生团队提供来自企业伙伴，包括资金项目的支持以及经验的支持。"

据了解，创行是由 36 个国家的 1700 所高校的在校大学生、学术界人士和企业家组成的国际性组织。这些来自不同领域的人士共同拥有一个美好的愿景，即运用积极的商业力量，践行企业家精神，共创更美好、可持续发展的世界。

（五）企业对公益事业的责任

公益事业的发展需要社会每位成员的参与，尤其是企业作为社会的重要成员之一，有义务在能力范围内承担相应的责任。企业对公益事业的责任所包含的内容颇为广泛，诸如向医院、养老院、孤儿院、患病者、贫困者、受灾者等进行慈善事业的捐赠活动，帮助残疾人、缺乏劳动技能者或其他就业困难人群解决就业问题，为教育机构设置奖学金或为非营利性机构提供其他款项，为城市修建开放的公共设施和基础设施等。例如，百年老店欧莱雅将社会责任纳入企业战略中，并与企业精神结合起来。欧莱雅的口号是"让世界更美好"，"美"在欧莱雅眼中，是平等的，是多元化的。所以，欧莱雅资助失学儿童、艾滋孤儿，并呼吁全球资助弱势群体，呼吁改变不平等。欧莱雅的主要客户群多是女性，因而在中国设立"中国青年女科学家奖"，自创立以来已举办5届，有39名全国优秀青年女性获奖，奖金总额累计260万元。欧莱雅把承担社会责任看作创造共享价值的机会，而非单纯的危害控制或者公关活动。

企业的公益责任是以高于法律的标准对企业所做的要求，尽管这一责任受到国家和社会的肯定和褒扬，但必须以企业的自愿和能力为前提，因此，它是一种典型的道德义务。

四、创业团队承担社会责任的关键

第一，企业应该建立明确的流程，确保社会问题以及新兴社会力量在最高级别得到充分探讨，并纳入公司战略规划中，从公司总体发展战略出发，将企业的社会责任贯穿到公司整体经营活动中。

2008 年 1 月施行的《劳动合同法》和国务院发布的《关于中央企业履行社会责任的指导意见》，这两部重要的法律条文都具体和细化了企业需要履行的社会责任；2008 年，我国第一个企业社会责任标准在上海市出现，标志是上海市质监局认定的《企业社会责任》。

第二，企业应该设置专门的机构来负责社会责任的推行，并设置相应的社会责任考核指标。

不以规矩，不成方圆。企业的运作除了要依靠一定的法律法规以外，还需要内部的规章制度的约束和指导，尤其是在企业是否履行社会责任方面需要制度的约束。但是大部分企业的规章制度中都没有对企业是否要履行社会责任做出明确规定，企业经营者在运作中也就没有束缚。因此，创业者应借鉴国外企业成功经验，建立完善的社会责任制度，用标准化的制度来规范企业经营者和员工的行为。

第三，培养企业员工的社会责任意识，使企业的每个员工在实际的日常行为中处处履行社会责任。企业履行社会责任通常在短时间内要付出一定的经济代价，因此，需要企业经营者有较高的思想认识，并将这个认识贯穿到企业文化建设及员工意识培训中。

企业的经营者作为企业经济活动的组织者和主要决策者，其职业道德水平及社会责任意识直接决定着企业社会行为的科学性。因此，为了强化经营者的职业道德和社会责任意识水平，决策层管理者应定期或不定期地参加相关教育、培训或交流活动，以拓宽视野，更新理念，不断将社会责任意识融入企业文化的建设，乃至企业战略的制定中，以期纠正企业员工对社会责任的片面和错误认识，并坚持走科学发展之路，坚持实现企业与环境、资源和利益相关者的和谐共处。

第四，持续定期发布企业社会责任报告，全面真实地展现企业公民形象。

企业社会责任是摆在中国企业面前一个新的课题，目前仅有国家电网、中远、联想、海尔、阿里巴巴等 60 余家企业发布企业社会责任报告，更多的企业将面临企业社会责任报告编写的挑战和亟须建立社会责任管理体系的知识以及社会责任管理能力提升，这不仅是企业国际化进程的要求，更是建立和谐社会的有效途径。

第三节 社会责任与企业发展的关系

很多企业对是否履行社会责任在思想认识上存在不足和偏差，他们错误地理解为企业履行社会责任是那些国企和有巨大财力的企业的事儿以及简单的捐赠活动。他们只看到履行社会责任会增加运营成本，而忽略了履行社会责任对建立和改善公司品牌的重要性。由于思想认识的不足也就影响着具体的实践活动，致使经营者不可能很好地履行社会责任。

实际上，对于企业社会责任大型跨国公司一直走在前面。如果仅把社会责任看作类似慈善、捐助之类的道义之举，显然是被表象所迷惑。优秀的全球性公司把社会责任纳入企业发展战略之中，原因在于社会责任已经是一种竞争力，通常称为"软竞争力"。21 世纪以来，全球化与信息化给企业带来了竞争环境和竞争规则的改变，公司之间的竞争从硬件竞争上升到软件竞争，企业文化、道德水准以及社会责任成为企业制胜的"软竞争力"。跨国公司在战略上强化社会责任，特别是环保责任的目的，一是提高品牌和声誉，在人力资源、财务表现、融资方面，可以获得更多投资者和金融机构的支持，获得稳定和更低成本的资金；二是促进发展和信任，与各国政府和公众建立良好信任关系，可以获得当地的经营许可，如果因为某一事件企业声誉受到损害时，品牌恢复能力也比其他企业强。因此，优秀企业将社会责任与发展战略相结合，增强社会的信任，加深客户的忠诚度，提升企业的持续竞争力。

社会责任之所以会被提出来是因为履行社会责任会增加企业、社会财富。虽然企业生命周期中的每一阶段履行社会责任给其发展带来的影响不尽相同，但就企业整体来说，履行社会责任会提高企业的知名度，进而提升企业的销售额，增加企业的盈利。所以，从长远看，履行社会责任能够促进企业发展。

学会了承担责任，公司才会越做越大！

【拓展阅读】

超越慈善的企业社会责任

当今，全球企业公民意识已经到达了一个拐点，随着公司规模不断扩张，企业对社会责任的投入也逐步加大。

在全球最大的前100家公司中，大约有一半是跨国经营的国际公司。考虑它们在全球范围内的强大影响力，公众对于其履行社会责任，帮助解决重要的社会问题的期待也日渐加重。

一、变责任为机会

自从"企业社会责任"（CSR）这个词在20世纪60年代被创造出来后，社会发生了很大变化。如今，世界上最大的公司在促使社会变革上发挥着比以往任何时候都重要的作用。

世界500强公司都在不断加大它们在世界范围内的捐赠力度，并扩大志愿服务项目。然而，除了单纯的金钱捐赠之外，还出现了企业参与公益的新模式。

企业与社区共享同一个价值模式正在成为一种趋势，在这个价值模式下，企业和社会相互协作，让社区和企业互惠互利。在这一价值的引导下，企业参与公益的方法从传统的资金和物质捐赠发展成为一种新模式，公司充分利用包括员工技能、专业优势和合作伙伴网络等的公司资产来推进社会变革。在这种模式下，企业的成功和社会福利的提升是一致的，从而一个公司成功的激情、价值和创新文化同样在用来解决社会的重要问题上，给世界带来深远而积极的影响。

共享价值观的理念需要思想上的重大转变，从员工到CEO，再到全员意识的改变，也就是不把推动商业和社会价值看作责任，而把它看作一个来反思现有做法的良机。

二、创新动力

企业公民精神不仅仅是"做善事"，当企业责任成为所有商业战略的组成部分时，公司会提升对于"生意"的理解，创造出适合商业可持续发展的良性循环。例如，通过与一个NGO合作，一个企业可以向一群新的受众传递它的专业知识，扩大它的业务网络。

除此之外，企业与NGO合作可以激发员工的创新思维，创新业务开展方式。

非营利组织在极端的环境下工作，面临着有限的基础设施、沟通渠道和员工。在这样的限制环境下开展运营活动可以让企业员工面对很多现实的条件，这经常会激发他们在产品设计上的创新，或者反向学习，把优秀的志愿服务注入到商业活动中。

事实上，在做投资决定的时候，投资者都会评估环境的、社会的和政府的数据。当公司需要吸引投资者时，这些数据将成为公司评价基准。企业履行社会责任在一个更大范围内产生积极作用，这将成为企业更好地履行社会责任的另一个驱动力。

三、在实践中运用社会创新

在一个社区里解决所有的问题是不可能的，满足与所有其他组织合作的要求也是不可能的。因此，让一个公司的专业知识和社会发展项目中需要的元素产生化学效应是很重要的。

一个好的起点是评估该公司在一个社区中现有接触点中，社区可以运用到企业目前具备的那些技能、专业知识和合作伙伴关系。从这里开始，设定具体的可行性目标和一个达成这些目标的战略实施计划。

例如，在科技上拥有专业知识的公司可以和非营利组织或者社会企业家合作来激发创新的想法，并变成现实的基础设施支持。社会企业姆派德格瑞网（mPedigree Network）与惠普公司合作，利用其云端服务的技术专长来设计和建立一个非洲反假药服务（Anti-drug Counterfeiting Service）。假冒药品是发展中国家的一个严重问题，每年导致超过 70 万人死亡，这项新的服务通过让病人发免费短信验证他们所买的药品真假来帮助拯救生命。

现在，社会影响力对企业的商业合作伙伴关系发展也日渐重要，当商业目标和社会影响目标二者都具备并趋向一致的时候，共享价值观新模式就实现了。

当企业转变观念，把责任视为机会时，创造共享价值观能够激励企业积极展开改变世界的行动并持之以恒。

资料来源：刘金秋. 超越慈善的企业社会责任［N］.21 世纪经济报道，2012-04-02.

📖【能力训练】

1. 企业为什么要履行社会责任？

2. 如何理解创业者的社会责任？

3. 案例分析

福特汽车公司的社会责任与战略目标

一、福特汽车公司的社会责任

第一，质量第一——为使顾客满意，我们的产品和服务的质量是必须优先考虑的问题。

第二，客户是我们一切工作的核心——我们的工作要时刻把客户放在心中，要提供比竞争对手更好的产品和服务。

第三，持续的改进是我们成功的关键——我们必须出色地完成我们所做的每一件事——我们的产品、我们产品的安全性和价值——我们的服务、人际关系、我们的竞争力和我们的盈利水平。

第四，职工参与是我们生存的方式——我们是一个团体，必须互相信任和尊敬。我们对男女职工一视同仁，反对种族及信仰歧视。

第五，分销商和供销商是我们的伙伴——公司必须与供应商、分销商和其他合作伙伴保持互利关系。

第六，绝不在形象上妥协——我们在全世界多所公司的所作所为都必须遵循对社会负责、注重优良形象、为社会做贡献的要求。

二、福特汽车公司的使命与哲学

20世纪80年代早期福特汽车公司经历了许多艰难的日子。在那段黯淡的日子里，公司上了关键的一课：要想成功就要把关键放在企业管理的基础性工作上，同时要赢得企业员工的全力支持。从这时起就要对福特汽车公司代表什么以及其优先目标是什么等问题清楚地理解，这个理解也可以在公司使命、价值观和指导方针中以文字方式体现出来。

1. 使命

福特汽车公司是一个在汽车及汽车相关产品和服务以及其他新兴工业如航天、通信、金融服务等领域中的全球性的领导者。我们的使命就是要不断提高我们的产品和服务——满足客户需求，同时我们作为一家企业要繁荣发展以及给我们的股东和所有者提供合理的回报。

2. 价值观

如何实现我们的使命和企业使命本身一样重要，有助于公司成功的几条基本的价值观如下：

第一，人——我们的员工是我们力量的源泉。他们共命运，决定公司的荣誉与生命力。参与和合作是我们主要的人力价值观。

第二，产品——我们的产品是我们努力的最终结果，它们应在全世界的服务范围内具有一流的标准。看到了我们的产品，也就看到了我们的公司。

第三，利润——利润是我们如何高效地为客户提供最好的产品，满足他们需求的最终衡量标准。利润是公司生存和发展所必需的。

需要注意的是，福特汽车公司使命的陈述明确地描述了福特汽车公司是做什么的以及为什么而存在的。此外，福特汽车公司并没有使用组织哲学这个术语，而使用了价值观和指导原则。然而，不论使用什么术语，福特汽车公司已经道出了公司的价值观与信念。福特汽车公司的哲学是把产品质量放在第一位，促进职工团结，鼓励为他人贡献全部，鼓励在工作岗位上相互合作、相互团结、相互信任。

三、福特汽车公司的战略目标

根据对福特汽车公司的优势、劣势、威胁以及机会的分析，在1988年的年度报告中对福特汽车公司的目标进行了如下的表述：

第一，提供满足客户需要的高质量的产品和服务，并以代表超值的产品和服务超出他们的期望。

第二，继续在全公司灌输以人为本的文化理念。

第三，在推行公司最雄心勃勃的全球投资计划时，确定、应用并改进最具效益的经营运作方式。

第四，不断加强与经销商和供应商的伙伴关系。每一位雇员都要为个人和集体的成功参与到确保客户满意的行动中来。

（1）如何正确理解福特汽车公司的社会责任？社会责任对福特汽车公司的发展有什么战略意义？

（2）试分析福特汽车公司的使命与哲学的作用。

（3）今日福特汽车公司的战略目标是什么？与1988年相比有哪些变化？

参考文献

［1］谢敏.管理能力训练教程（第二版）［M］.北京：清华大学出版社，2012.

［2］李肖鸣，朱建新.大学生创业基础（第二版）［M］.北京：清华大学出版社，2013.

［3］吴运迪.大学生创业指导［M］.北京：清华大学出版社，2012.

［4］李家华.创业基础［M］.北京：北京师范大学出版集团，2013.

［5］姜彦福，张帏.创业管理学［M］.北京：清华大学出版社，2005.

［6］杨锡怀，王江.企业战略管理——理论与案例［M］.北京：高等教育出版社，2010.

［7］郑晓燕.创业基础案例与实训［M］.成都：西南财经大学出版社，2014.

［8］李家华.创业基础（第二版）［M］.北京：清华大学出版社，2015.

［9］程水源.创业理论与实践［M］.北京：中国科学技术出版社，2007.

［10］储盈.创业兵团［M］.北京：中华工商联合出版社，2012.

［11］陈龙海，杨小良.培训幽默全书［M］.北京：中国科学技术出版社，2007.

［12］［美］彼得·F.德鲁克.创新与创业精神［M］.张炜译.上海：上海人民出版社，2002.

［13］[美]杰弗里·蒂蒙斯，小斯蒂芬·斯皮内利.创业学（第六版）[M].周伟民，吕长春译.北京：人民邮电出版社，2005.

［14］傅家骥.技术创新学［M］.北京：清华大学出版社，1998.

［15］丁家云，谭艳华.管理学理论、方法与实践［M］.合肥：中国科学技术大学出版社，2010.

［16］国家电网公司人力资源部.团队建设［M］.北京：中国电力出版社，2010.

［17］华锐.企业文化教程［M］.北京：企业管理出版社，2003.

［18］刘光明.企业社会责任报告的编制、发布与实施［M］.北京：经济管理出版社，2010.